GÉNÉALOGIE

DE LA FAMILLE

RICHARD DE SOULTRAIT

ET

DE LISLE

grenat

RÉDIGÉE SUR TITRES ORIGINAUX

Suivie de notices sur ses alliances

PAR

ROGER DE QUIRIELLE

Misericordia Domini a progenie in progenies
timentibus eum.
Magnificat, vers. v.

LYON
IMPRIMERIE MOUGIN-RUSAND
Rue Stella

1882

GÉNÉALOGIE DE LA FAMILLE

RICHARD DE SOULTRAIT

ET DE LISLE

GÉNÉALOGIE

DE LA FAMILLE

RICHARD DE SOULTRAIT

ET

DE LISLE

RÉDIGÉE SUR TITRES ORIGINAUX

Suivie de notices sur ses alliances

PAR

ROGER DE QUIRIELLE

Misericordia Domini a progenie in progenies timentibus eum.
Magnificat, vers. v.

LYON
IMPRIMERIE MOUGIN-RUSAND
Rue Stella

—

1882

A Madame Xavier de Quirielle
née Richard de Soultrait

Ma chère Mère,

C'EST *à vous que j'offre cette généalogie de votre famille; vous m'avez appris le respect du passé et des traditions, il m'a inspiré ce petit travail qui les honore et les consacre.*

Des notices sur les Richard, incomplètes et peu exactes, ont été imprimées dans le Nobiliaire *de M. de Magny et dans l'*Annuaire de la Noblesse *de 1851 ; elles avaient été rédigées d'après les seuls papiers de la famille, imparfaitement dépouillés alors.*

Les archives considérables du château de Toury-sur-Abron, que mon oncle de Soultrait a bien voulu mettre à ma disposition, celles de Valréas, berceau de la famille, et les minutes des notaires de cette ville, qui renferment plus de cent actes du XIVᵉ siècle aux premières années du XVIIᵉ concernant les Richard, m'ont permis de faire mieux, me fournissant les documents, authentiques et à peu près complets, de cette histoire de vos pères, qui furent des hommes utiles, dévoués à Dieu, à leur souverain, à leur patrie.

L'exemple des générations passées est utile à présenter à celles qui s'élèvent, surtout à notre époque, dégénérée sous tant de rapports, où le respect pour les parents, le respect pour les autorités traditionnelles de la Société, le respect pour la Religion et les saintes croyances, tendent à se perdre et à s'annihiler dans le matérialisme. Nos enfants trouveront un salutaire enseignement dans la vie de leurs pères, si profondément chrétiens, si pleins de vrai patriotisme, de vertus et d'attachement à tous les devoirs de la vie privée et publique. Ils seront fiers à juste titre de voir, en remontant à plus de cinq siècles, une suite d'ayeux, sinon illustres, du moins hautement considérés et honorés dans leur pays, justement aimés de leurs concitoyens qui, comptant sur un dévouement héréditaire à la chose publique, les choisissaient pour administrer leur ville, pour défendre leurs intérêts.

Sur soixante-quinze hommes de la famille Richard qui nous sont connus, quarante-neuf servirent leur patrie dans les armées et dans des fonctions civiles presque toutes gratuites.

A un point de vue historique d'un intérêt plus général, n'est-il pas bon de faire connaître et apprécier ces familles de la modeste noblesse de province qui portaient les armes, rendaient la justice et administraient les villes, sans sortir de leur pays, sans rechercher la fortune, sans briguer des honneurs auxquels elles auraient eu autant de droits que tant d'autres dont le nom eut un plus grand retentissement. Familles essentiellement patriotes, qui furent la principale force de l'Etat, qui constituèrent vraiment la France, se préservant de la corruption par la pratique énergique et constante de la vertu et du travail.

Vous avez lu, ma chère Mère, le livre de M. Charles de Ribbe sur la Famille et la Société en France; l'auteur de cet excellent ouvrage a spécialement étudié les provinces où sont nés vos ancêtres; il y a pris ses types de familles, et vous serez frappée, comme je l'ai été moi-même, de leur vérité et de leur ressemblance avec les générations dont vous descendez.

Le travail que vous allez lire a encore un but : resserrer dans le présent et consolider pour l'avenir les liens si précieux de la famille, bien forts autrefois, qui malheureusement se relâchent et s'amoindrissent tous les jours.

Nous pouvons être soumis à de dures épreuves ; nous pouvons, ce qu'à Dieu ne plaise, être éloignés les uns des autres. Cette généalogie serait alors un point de ralliement pour les descendants des hommes de bien dont je veux conserver la mémoire. Elle aura enfin, pour la famille, l'utilité de donner l'analyse et la substance de ses archives; utilité réelle pour ceux de ses membres que s'y intéresseraient sans les pouvoir consulter, et plus grande encore pour le cas où elles viendraient à être détruites.

L'histoire d'une famille ne serait pas complète si elle ne comprenait un abrégé de celle de ses alliances ; aussi ai-je cherché à faire connaître, en quelques lignes, les familles qui se sont alliées aux Richard.

Je ne pouvais songer à donner le texte des nombreuses pièces citées à l'appui de mon travail, j'ai tenu cependant à en reproduire in extenso quelques-unes qui trouveront leur place à la suite de la Généalogie.

Recevez donc, ma chère Mère, cette œuvre de votre fils comme un nouveau témoignage de sa respectueuse affection et de son dévouement à l'esprit de famille qu'il a puisé auprès de vous.

ROGER DE QUIRIELLE.

Armoiries de la famille Richard

D'ARGENT, *à deux palmes de sinople adossées, accompagnées en pointe d'une grenade de gueules, tigée et feuillée du second émail.* L'écu timbré d'une couronne de comte. Supports: deux lions. Cimier : un lion issant d'un casque, tenant de sa patte dextre une clef d'argent (Armorial de la généralité de Moulins).

Ces armoiries ne portaient, sans doute, dans l'origine que les palmes; on les voit ainsi à Grillon, sur un écusson très fruste sculpté dans l'ancienne maison de la famille, et gravées, avec un casque et des lambrequins, sur une dalle qui recouvrait son caveau sépulcral dans l'église paroissiale. La grenade fut probablement la brisure de la branche de Valréas. L'Armorial manuscrit de la généralité de Moulins de 1696 décrit les armes de Joseph Richard de Soultrait telles qu'il les portait sur son cachet, conservé dans la famille, avec les palmes adossées et la grenade. Le cachet, un peu effacé, qui scelle le testament de Pierre, fils de Joseph, est gravé d'un écusson écartelé, dont le premier quartier offre les armes du père du testateur ; le second, la salamandre du blason de sa mère, Marie Sallonnier de Nyon ; le troisième n'est plus visible ; enfin, sur le quatrième, se voit un objet peu distinct, qui semble être la corne d'abondance, meuble héraldique *parlant* qui, au xviiie siècle, prit place dans les armoiries de la famille soit à l'intérieur de l'écu, comme sur le cachet de Charles Richard de Soultrait, écuyer, seigneur de Fleury et de Toury, où cet écu est timbré d'une couronne de marquis et supporté par deux lions; soit extérieurement, comme au-dessus de la porte de l'ancien hôtel des Richard de Soultrait, montée des Recollets à Nevers, et sur le cachet de Benoîte de Vaux, femme de Charles. Le blason de cette dernière était aussi peint sur une litre de l'église de Fleury-sur-Loire (Nièvre) *(Armorial du Nivernais)*.

Pithon-Curt, dans son *Histoire de la noblesse du Comtat Venaissin*, qui ne mentionne en général que les familles qui existaient dans cette province au xviiie siècle, nomme (T. IV p. 300) quelques membres d'une famille Ricard ou Richard qui, vers 1410, portait une corne d'abondance dans ses armes. La corne d'abondance des Richard de Soultrait aurait-elle été adoptée comme le signe d'une communauté d'origine avec cette famille? Cela est possible.

La clef que tient le lion du cimier est un souvenir du blason des Clermont-Tonnerre-Dannemoine, éteints dans la famille de Prévost de La Croix, dont une des dernières héritières épousa, en 1792, le grand-père du chef actuel de la famille Richard de Soultrait *(Histoire des Grands Officiers de la Couronne)*.

La famille RICHARD paraît être originaire de la petite ville de La Baume-de-Transit, dans le Comtat-Venaissin, où, dès la première moitié du XIV⁰ siècle, elle était connue comme noble. Son nom latin, *Richardus* ou *Ricardus,* a été quelquefois traduit Ricard. Peut-être avait-elle une origine commune avec une famille du même nom, du Comtat, qui portait dans ses armes une corne d'abondance, et qui était représentée, en 1410, par Huguette Ricard, fille de Rostain et petite-fille de Jacques Ricard, gentilhomme de la ville de Lisle, mariée à un seigneur de Marignane (1).

En 1349, elle s'établit à Valréas, par suite d'un mariage, et elle se divisa en deux branches qui, au XV⁰ siècle, habitaient les deux petites villes voisines de Valréas et de Grillon.

L'origine noble et la filiation des Richard sont prouvées par de nombreux actes : contrats de mariage, testaments, ventes etc., inscrits dans les minutes des anciens notaires de la ville de Valréas, que nous aurons continuellement occasion de citer (2), et par les pièces suivantes, conservées dans les archives de la famille (3).

---

(1) Pithon-Curt, *Histoire de la noblesse du Comtat-Venaissin* (T. IV p. 300).

(2) Ces minutes, très considérables et fort curieuses, qui remontent jusqu'au XIV⁰ siècle, sont conservées avec soin et bien rangées dans les études des deux notaires de Valréas; elles ont été entièrement dépouillées et analysées par M. Charransol, ancien titulaire de l'une de ces études, paléographe et savant distingué, qui a dans ses cartons, non seulement les notes les plus complètes sur les anciennes familles du pays, mais encore les matériaux d'une histoire de sa ville.

(3) Ces archives sont au château de Toury-sur-Abron (canton de Dornes, département de la Nièvre) possédé, depuis un siècle et demi, par les Richard de Soultrait.

« Nous confuls de cette ville de Valréas dans le comtat
« Venaiffin certifions & atteftons à tous qu'ayant parcouru
« plufieurs livres confulaires & autres anciens documents
« qui fe trouvent dans les archives de cette communauté,
« nous avons trouvé que la famille des Richards originaire &
« anciennement demeurante en cette d. ville eftoit de race
« noble & jouiffoit des honneurs & privilèges attachés à
« l'eftat de noble & que plufieurs d'entre lad. famille y ont
« occupé & rempli les premières dignités & notamment celle
« de premier conful que lon ne peut remplir fans eftre noble,
« & d'avoir oui dire à nos ancêtres & prédéceffeurs que le
« dernier de cette famille appelé Pierre Richard, defcendu de
« Jean, premier conful ou findic de lad. ville en mil cinq
« cent feptante neuf avoit quitté cette d. ville ayant pris le
« parti des armes dans un régiment d'infanterie au feruice de
« fa majefté très-chreftienne, fe feroit enfuite eftabli en la
« province de Nivernois. En foy de quoy auons fait faire ces
« préfentes par laffeffeur & pro fecrétaire de noftre com^té cy
« bas auec nous figné pour feruir en ce que de droit & raifon
« app^dra. Aud. Valréas ce neufvieme aouft mil fept cens trente
« fept.

        Signé : Preuost, premier conful.

           F. Gerbaud, fecond conful.

           Peyrol, affeffeur & profecrétaire.

Scellé du sceau de la ville et légalisé ainsi par l'official de
Valréas, qui y a apposé le sceau de l'évêque de Vaison.

« Nous Jofeph Gourjon, pretre bachelier en fainte théologie
« & official de cette ville de Valréas, comtat Venaiffin, pour
« monfeig^r lillme & r^me eueque de Vaifon, certiffions & attes-
« tons a tous qu'il appartiendra que noble Jofeph Marie de
« Preuoft, premier conful, m^r François Gerbaud, fecond conful

« & m^r Hierofme Peyrol affeffeur & profecrétaire de lad^e ville
« de Valreas, qui ont figné latteftation cy dernier font tels
« quils font icy qualiffiés & en la fufd^e atteftation a laquelle
« comme duement munie de leurs feings & fceau pleine foy
« doit être ajoutée tant en jugement que dehors. En foy de
« quoy nous auons fait faire ces préfentes par le notaire vice
« greffier de lofficialité cy bas avec nous figné, & en icielles
« auons fait appofer le fceau & armes de mond. feig^r eueque
« accoutumés.

« Donne aud. Valreas ce onzième août mil fept cents
« trente fept.

Signé : GOURJON, official.

TARDIEU, notaire vice greffier (1).

« Nous Alexis Elzeard comte de Simiane, chevalier, baron
« de Montauban, feigneur de Molans, Arpaion, La Motte &
« autres places ; Jofeph Ignace de Chabeffan d'Alauzun, che-
« valier, feigneur de Sorbiers, Pierre Jofeph d'Arnaud de
« Pommier, chevalier, feig^r de St Bonnet, & Louis de Tritis,
« chevalier, feigneur de Neuvefont, tous demeurants en la
« prefente uille de Valreas dans le Comtat Venaiffin, atteftons
« à tous qu'il appartiendra que nous fçauons tant pour lauoir
« apris de nos peres & predeceffeurs que par la lecture que
« nous auons fait de divers anciens actes & documents que
« la famille des Richards eftoit originaire & ancienem^t habi-
« tante en cette d. ville qu'elle eftoit de race noble & que le
« dernier de cette famille appellé Pierre Richard, decendu de
« noble Jean Richard auoit pris le parti des armes dans un
« régiment d'infanterie au fervice de la France & s'eftoit
« enfuite eftabli dans la province de Nivernois ou nos peres

<hr>

(1) Archives de Toury, Série A, 2.

« l'ont connu. En foy de quoy auons fait écrire la préfente
« atteftation par le notaire cy bas auec nous figné pour fervir
« en ce que de raifon. Audit Valreas ce neufvieme août mil
« fept cens trente fept.

Signé: SIMIANE. NEUVEFONT. CHABESSAN. Sᵗ BONNET.

Et plus bas : PEYROL, notaire requis (1).

Légalisé, comme le certificat ci deffus, par l'official de
Valréas, qui y a appofé le sceau de l'évêque de Vaifon.

Citons encore une lettre écrite en 1681, d'Avignon, par
Pierre Richard de Soultrait à son père, qui l'avait envoyé dans
le Comtat pour quelques affaires de succession.

« a Auignon ce 13 juillet 1681 »

« Mon cher pere, jai receu uoftre procuration qui eft en
« bonne forme laquelle iai eu bien de la peine a faire rece-
« uoir, mais outre cela ils demandent le teftament de ma
« grandmère, difant quil eft neceffaire que l'on prouue que
« vous foies heritier dicelle, mais M. de Sᵗ Marcellin (2) croit le
« deuoir trouuer a Lagnes ou a Lifle. Si vous en aues une
« copie enuoies la au plus vifte..... Jai vu M. de ..... (3) il fe dit
« eftre noftre parent, il me fait mille amities, il uous fait fes
« ciuilités ; il m'a dit qu'il auoit rangé & examiné les papiers
« de la maifon de ville de Valreas & que noftre maifon eftoit
« une des plus anciennes de Valreas, & que dans les annales
« & les archives de la ditte ville capital du comtat il ne foit
« parlé que des Richards lefquels ont occupé les premieres
« dignites de la ville & quils font dune nobleffe ancienne de
« trois & quatre cents ans..... » (4)

(1) Arch. de Toury, Sér. A, 3.

(2) Ce M. de Saint-Marcellin était l'un des fils d'Esprit Seguin ou des Seguins, seigneur de Saint-Marcellin, descendant de Raymond Seguin qui fut, comme on le verra plus loin, l'un des exécuteurs testamentaires d'Arnaud Richard en 1511. (V. Pithon-Curt, gén. des Seguin).

(3) Ce nom est illisible dans la lettre.

(4) Archives de Toury, Sér. A, 1.

On trouve en effet la mention de plusieurs personnages de la famille Richard dans les plus anciens registres consulaires de la ville de Valréas, qui datent des premières années du xvᵉ siècle (1); mais les minutes des notaires font connaître, comme nous l'avons dit, cette famille à une époque antérieure d'un siècle environ.

Les membres de la famille Richard sont toujours qualifiés *nobles* dans les actes, et l'on sait que, contrairement à l'usage des provinces de droit coutumier, cette qualification de *noble* appartenait à la seule noblesse dans le Comtat Venaissin comme dans une partie du midi de la France. Diverses ordonnances des vice-légats d'Avignon défendirent aux roturiers de prendre cette qualification. Citons en particulier celle du 4 février 1729 par laquelle il était interdit « à aucuns de « s'arroger et de prendre le titre et qualité de noble dans les « actes ou écritures soit privés soit publics s'ils ne sont « véritablement nobles à peine de cinq cens écus d'amende » (Collection Tissot, à la bibliothèque de Carpentras, t. vii, fol. 94).

Les archives de Grillon nous ont donné les noms des divers membres de la branche fixée dans cette vllle : nobles Jean, Jacques, Constantin, Etienne, François, Paul, Jean et Claude Richard y exercèrent les fonctions de consul en 1416, 1504, 1540, 1590, 1634, 1641 et 1643 (2) ; puis les registres paroissiaux des baptêmes, mariages et sépultures de la même ville renferment beaucoup d'actes concernant la famille depuis le xviᵉ siècle jusqu'aux premières années du xviiiᵉ.

Il nous a été impossible toutefois de dresser la généalogie de cette branche qui, dans les premières années du xviᵉ siècle, était représentée par nobles Jean, Marin, François, Esprit et

(1) Archives de Valréas, reg. BB. | (2) Archives de Grillon, CC.

Pierre, sans doute cousins germains, issus, les quatre premiers du consul Jacques, et, le dernier, de Jean, frère du consul.

Jean, l'ainé des cousins, eut deux fils : Jean et Claude et une fille, Louise, nés de 1536 à 1541 (1) ; Marin eut également deux fils et une fille : Savinien, Etienne et Isabelle baptisés en 1538, 1539 et 1541 ; François paraît n'avoir eu qu'une fille, Jeanne, née en 1550 ; d'Esprit ou Saint-Esprit, on trouve son nom écrit de ces deux manières, naquirent, en 1541 et 1543, deux filles : Louise et Catherine, et, en 1546, un fils nommé Alexandre ; enfin noble Pierre Richard, fils de Jean, qui était mort en 1539, eut de sa femme, Isabelle Chabrol de Colmiselles (*Isabella Chabrola de Colmisellis*), quatre fils : Laurent, Antoine, Toussaint, nés en 1544, 1547 et 1548, et un autre Laurent.

Nous voyons, au xviie siècle, noble Etienne Richard, sans doute fils de l'un des quatre frères, qui fut consul de la ville en 1612 ; François, Paul, Jean et Claude, que nous avons déjà nommés, enfin Etienne et Jean, qui vivaient encore dans la première moitié du siècle suivant (2).

Les Richard jouissaient à Grillon d'une position considérable, un peu diminuée, il faut bien le dire, au siècle dernier. L'une des rues de la partie haute fortifiée de cette petite ville porte leur nom ; on y voit leur ancienne maison, construction du xve siècle, à peu près en ruines maintenant comme, du reste, presque toute la vieille ville ; ils y avaient, dans l'église paroissiale détruite depuis quelques années, un caveau sépulcral fermé par une dalle portant leur nom et leurs armoiries.

La branche de Valréas, seule existante de nos jours, comptait parmi les familles les plus marquantes de la ville, ce

(1) Registres paroissiaux de Grillon.
(2) Archives de Grillon, Registres pa- | roissiaux.

que prouvent les pièces ci-dessus et celles que nous allons pro-duire à l'appui de la filiation. Elle avait sa sépulture habituelle dans l'église des Frères-Mineurs ou Cordeliers. Quelques-uns de ses membres furent enterrés dans l'église paroissiale de Notre-Dame-de-Nazareth. Cette branche était représentée, à la fin du xvie siècle, par noble Jean Richard, fils d'autre Jean, premier consul de la ville en 1579. Il avait eu trois fils, officiers au service du roi de France, dont deux furent tués aux guerres du Piémont (1). Le plus jeune, nommé Pierre, capitaine au régiment de Langeron, fut amené en Nivernais par son colonel, le comte de Langeron, qui lui fit épouser, en 1648, une noble demoiselle alliée aux Andrault de Langeron.

Depuis cette époque, la famille Richard, dont les membres portèrent divers noms de fief, habita le Nivernais, où elle s'allia constamment à des familles marquantes de cette pro-vince, et où elle posséda des seigneuries importantes par leur étendue et par les droits féodaux qui y étaient attachés. Elle se divisa en deux branches au commencement du xviiie siècle.

Les premiers degrés sont connus par les anciennes généa-logies manuscrites de la famille, par les actes des notaires de Valréas et par des certificats en forme. Les registres parois-siaux de la ville antérieurs à 1587 ayant été brûlés par les Huguenots sous la conduite du baron des Adrets (2), nous n'avons point d'actes baptistaires et mortuaires antérieurs au xviie siècle, mais les nombreux contrats que nous citerons prouvent suffisamment la filiation et les alliances.

---

(1) Archives de Toury, Sér. A, 1.
(2) Cette disparition est attestée par une pièce des archives de Toury, Sér. A, 8.

FILIATION SUIVIE

I. Noble (1) Raymond Richard (*Nobilis Raymondus Richardi*), nommé dans le contrat de mariage de son fils de 1349, était mort à cette époque. Il habitait la petite ville de La Baume-de-Transit, près de Valréas. On n'a pu retrouver le nom de sa femme qui ne figure pas dans le contrat mentionné ci-dessus.

II. Noble Raymond Richard, 2e du nom, s'établit à Valréas après son mariage contracté dans cette ville, le 28 juillet 1349 (2), avec noble Catherine Dalmas (3), fille de noble Guillaume Dalmas, d'une ancienne famille de Valréas (4). On ne lui connaît qu'un fils; toutefois il est probable que la branche de Grillon eut pour auteur un autre de ses enfants, peut-être Jean, consul de Grillon en 1416, dont il a été parlé. Un autre Jean, consul de Valréas en 1373, qui, le 7 juillet de cette année, ne voulut pas, d'accord avec ses collègues, conserver ses fonctions (5) et que nous

---

(1) Voir au sujet de cette qualification ce qui en a été dit ci-dessus (page 11); voir aussi l'*Armorial général de France* de d'Hozier, reg. 1er, 2e partie p. 705; les manuscrits de Peiresc à la bibliothèque de Carpentras et les nobiliaires de la Provence et du Comtat.

(2) Les dates rapportées dans cette généalogie sont les mêmes que celles des documents cités, c'est-à-dire suivant l'ancien style, d'après lequel l'année commençait le jour de Pâques. Cet usage a été continué jusqu'à l'ordonnance royale de 1565 qui reporta le premier jour de l'an au 1er janvier.

(3) Voir, à la suite de la généalogie, les notices sur les alliances de la famille.

(4) Contrat passé devant Vincent Isambert, notaire à Valréas. Une expédition de cet acte, dont le préambule est donné aux Pièces justificatives insérées à la fin de ce travail (I) sert de couverture à l'un des registres des archives de la ville, on ne peut en lire qu'une partie.

(5) Acte aux minutes du notaire Catalani.

trouvons encore consul en 1397 (1), doit être rattaché à la famille.

III. Noble GUILLAUME RICHARD fut consul de Valréas en 1398 (2), 1409 et 1414 (3). Nous ignorons le nom de sa femme, dont il eut une fille et quatre fils qui tous siègèrent au conseil de la ville pendant la première moitié du xve siècle.

1. Noble Pons Richard, conseiller de ville en 1413 (4).

2. Noble Pierre, dont l'article suit.

3. 4. Nobles Girard et Antoine Richard, conseillers de Ville en 1429 et 1443 (5).

5. Noble Polie Richard, mariée en 1424 à noble Pierre Giraud d'Ayguebelle (6), était veuve en 1447; le 9 mars et le 26 mai de cette année, elle acquit divers immeubles à Valréas (7). Par son testament, du 18 avril 1453 (8), elle demanda à être inhumée dans la chapelle de Sainte-Marie-Magdelaine de l'église paroissiale de Notre-Dame de Nazareth de Valréas.

IV. Noble PIERRE RICHARD, consul de Valréas en 1420 (9), est mentionné dans un acte de 1422 (10). Il paraît n'avoir eu qu'un fils de MARIE DE ROSSET OU DU ROUSSET (de Rosseto) nommée dans un acte de 1423 (11).

(1) Minutes Balenti.
(2) Mêmes minutes.
(3) Registres consulaires, aux archives de Valréas, BB, 3.
(4) Ibid.
(5) Ibid.
(6) Quittance de dot aux min. du notaire Hugues Gay, fol. 577.
(7) Min. des notaires de Bousquet et Escoffier.
(8) Min. Fabre, D.
(9) Arch. de Valréas BB. 3.
(10) Min. du notaire Escoffier.
(11) Min. Escoffier.

V. Noble Arnaud Richard exerça, jeune encore, les fonctions de premier consul ou syndic de Valréas, ce que prouve la pièce suivante attestant en outre qu'il fallait être noble pour exercer cette charge.

« Attefte je fecretaire de la ville de Valreas dans le Comtat
« Venaiffin qu'ayant lu & parcouru plufieurs livres confu-
« laires qui fe trouvent dans les archives à trois clefs de cette
« communauté (1), j'ay veu & vérifié qu'en l'année mil quatre
« cens foixante un, Arnaud Richard fe trouuoit premier findic
« ou conful de lad. ville & qu'en l'année mil cinq cens fep-
« tante neuf, Jean Richard fe trouuoit auffi premier conful
« dicelle. Attefte en outre que pour occuper la charge de
« premier conful en cette d. ville, il faut eftre noble.

« En foy de quoy requis ay fait la préfente atteftation pour
« fervir en ce que de droit & raifon appartiendra & me fuis
« fouffigné. Aud. Valréas ce vingt quatre novembre mil fept
« cens trente-fix.

Peyrol, fecrétaire.

« Nous Gafpard François Julien juge majeur ordinaire de
« la ville de Valréas & de tous fon reffort pour notre St pere
« le Pape & St fiege apoftolique certifions & atteftons a
« tous quil appartiendra que mr Hierome Peyrol qui a fait
« & figné latteftation cy deffus est tel quil fe qualifie aux
« ecritures duquel munies de femblable feing que le fus dit
« pleine & entiere foy eft adjoutée tant en jugement que
« dehors. En foy de quoy auons fait faire ces prefentes par le

(1) Les livres consulaires de la fin du | de Valréas.
xve siècle ne se trouvent plus aux archives |

23 décembre de cette année, sa sœur Charline et les enfants de sa sœur Annette transigèrent pour sa succession (1).

4. Noble Catherine Richard est mentionnée dans le testament de son mari noble Arnaud Aymeric, du 23 mars 1556 (2), elle avait eu un fils nommé François (3). En 1565, nous la voyons transiger avec ses frères et sœurs pour la succession paternelle (4), puis, deux ans après, acheter de sa sœur Suzanne une partie de la grange de Puygiron (5). Elle avait épousé, à peu près vers cette époque, un corse nommé le capitaine Jacques Antonio dans divers actes de 1565 à 1569 (6). Elle vivait encore en 1579 : le 12 décembre de cette année, elle donnait à ferme des terres dans la montagne aux environs de Valréas (7).

5. Noble Annette Richard est mentionnée dans le testament de son père et dans un acte d'accord, de 1546, entre ses frères et sœurs « pour cause de peste (8) ». Elle épousa, par contrat du 28 décembre 1547 passé devant Julien, notaire à Valréas (9), noble Etienne Lagier ou mieux Laugier. Ses frères Guillaume et François sont nommés dans ce contrat, où il est dit qu'elle était agée de vingt ans. Elle transigea avec ses frères et sœurs, en 1565, pour la succession de leur père.

6. Noble Suzanne Richard, nommée dans le testament de son père et dans les actes de famille de 1546 et de 1565, fut mariée en 1551 à noble Vital Teston, d'En-

---

(1) Min. B. Julien, fol. 213.
(2) Min. B. Julien, A, fol. 50.
(3) Min. B. Julien.
(4) Min. B. Julien, fol. 115.
(5) Min. B. Julien, fol. 204.

(6) Min. B. Julien.
(7) Min. B. Julien, fol. 265.
(8) Min. Du Chesne.
(9) Aux min. de ce notaire.

4

traigues en Vivarais (1). En 1567, elle vendit sa part de la grange de Puygiron (2) à sa sœur Catherine, avec qui elle fit un échange le 12 juin de l'année suivante (3). Elle vivait encore en 1576 (4).

7. Noble Charlotte ou Charline Richard, mentionnée également dans le testament de son père et dans les autres actes collectifs, épousa, par contrat du 24 août 1558, noble Etienne Dalmas, notaire et greffier de la ville de Valréas (5).

8. Noble Etienne Richard, entré au service de la France, était en 1596 fourrier des logis du roi (6).

9. Noble Isabelle Richard fut mariée en 1565 à noble Jean Chauvin (7), avec qui elle acheta une maison à Valréas en 1567 (8); elle vendit des bois, dans la montagne aux environs de Valréas, par acte du 24 décembre 1588 (9). Elle était veuve quand elle contracta un emprunt le 13 décembre de l'année suivante (10).

VIII. NOBLE JEAN RICHARD, 2e du nom, est nommé dans le testament de son père de 1544; il fut premier consul de Valréas en 1579 (11). Nous avons peu de détails sur sa vie. Il avait été marié deux fois: 1º à noble FRANÇOISE DE BARTHELIER, fille de noble Jean de Barthelier

---

(1) Contrat de mariage aux min. du notaire Louis de La Pierre (de Petra).

(2) Min. B. Julien.

(3) Echange de terres entre noble Catherine Richard, femme du capitaine Jacques Antonio, et noble Suzanne Richard, sa sœur, femme de noble Vital Teston. (Min. de B. Julien).

(4) Min. de Monte.

(5) Min. de L. de La Pierre, C.

(6) Arch. de Toury, sér. A, 9.

(7) Contrat de mariage du 4 mars. (Min. B. Julien.)

(8) Min. B. Julien, A, fol. 30.

(9) Min. A. Julien, A, fol. 494.

(10) Min. B. Julien.

(11) Certificat cité ci-dessus aux archives de Toury, sér. A, 6.

et de noble Jeanne Courtois, qui lui donna un fils et deux filles (1); 2º à noble CHARLOTTE PEYRAUD, dont le nom nous est connu par un acte passé entre ses filles le 11 février 1585 (2). Il est probable que les deux époux étaient morts dès 1583 : il y eût, cette année, un procès entre les familles Richard et Peyraud, dans lequel figure Jean, fils de Jean Richard, sans doute à l'occasion de la succession de Charlotte Peyraud (3). Jean laissa sept enfants de ses deux mariages : un fils et quatre filles du premier lit; et, du second, deux filles qui, sans doute plus riches que leurs sœurs par leur mère, se marièrent, tandis que trois des filles de Marie de Barthelier moururent sans alliance.

1. Jean, dont l'article suit.

2. Noble Catherine Richard, qui est dite femme de noble Denis Roux dans un acte, du 19 août 1587, passé au sujet d'une grange (maison de campagne) voisine de Valréas (4).

3. Noble Françoise Richard fut la marraine de son neveu Pierre (5); elle est mentionnée dans le testament de son frère Jean (6).

4, 5. Nobles Hélène et Gilette Richard ne nous sont connues que par le testament de leur frère.

6. Noble Jeanne Richard, mariée à noble Pierre Ripert, était veuve le 16 juillet 1606, date du mariage de Catherine, sa fille, avec noble Antoine Barrier (Barrerii), docteur ès droits à Avignon (7). Jeanne et sa sœur Marie sont mentionnées dans un acte de partage des biens de leur mère Charlotte Peyraud du 11 février 1585 (8).

(1) Archives de Toury, sér. A, 1.
(2) Min. Cartier.
(3) Min. B. Julien.
(4) Min. B. Julien, fol. 60.
(5) Arch. de Toury, Sér. A, 24.
(6) Arch. de Toury, Sér. A, 23.
(7) Contrat de mariage aux minutes du notaire Julien, A, fol. 332.
(8) Min. Cartier.

7. Noble Marie Richard était, en 1585, femme du capitaine Mathieu de Magnat *(Magnati)* (1).

IX. Noble JEAN RICHARD, 3ᵉ du nom, écuyer, ainsi qualifié dans l'acte baptistaire de son fils Pierre (2), figure dans un contrat de 1583 dont il a été parlé ci-dessus. Marié vers 1600 à noble MARIE DE BARTHOMIER, fille de noble Antoine de Barthomier, il fut le dernier de sa branche qui habita le Comtat-Venaissin où, sans doute, il ne possédait plus grand'chose au moment de sa mort, car ses enfants ne paraissent pas avoir conservé de biens dans cette province, sauf cet héritage que Pierre Richard allait y recueillir en 1681, comme nous l'avons vu par la lettre citée plus haut, héritage qui du reste venait de la famille de Barthomier.

Les archives de Toury renferment une traduction ancienne du testament de Jean Richard qui, passé devant le notaire Dumont *(de Monte)* le 7 octobre 1620, devait être en latin, comme tous les actes dans le Comtat (3). Dans cette traduction rédigée d'une façon bizarre, la femme de Jean est nommée *Marie Bartholomière.* Jean mourut sans doute peu de temps après avoir formulé ses dernières volontés, probablement hors de Valréas; nous n'avons pu retrouver l'acte de sa sépulture, qu'il avait élue en l'église paroissiale de Notre-Dame-de-Nazareth. Il laissa quatre enfants.

1. Noble Marguerite Richard fut mariée, en 1615, à noble Pons Aimini (4).

---

(1) Min. Cartier.
(2) Arch. de Toury, sér. A, 24.
(3) Arch. de Toury, sér. A, 23. Voir la copie d'une partie de ce testament aux pièces justificatives, n°. V.
(4) Pithon-Curt, t. 1, p. 25.

2, 3. Nobles Jacques et François Richard, nommés dans le testament de leur père de 1620, entrèrent au service de la France, comme l'avaient fait leurs grands oncles; ils furent tués dans la guerre de Piémont (1).

4. Pierre, dont l'article suit.

X. Noble PIERRE RICHARD, 2e du nom, écuyer, seigneur de Lisle-de-Mars, de Sornay et de Chamvé, fut baptisé à Grillon le 27 février 1608 (2). Il eut pour parrain son ayeul maternel Antoine de Barthomier, et pour marraine sa tante Françoise Richard. Il est nommé dans le testament de son père de 1620 (3). Entré fort jeune au service de la France, Pierre fit, avec ses frères, la guerre de Piémont dont, plus heureux qu'eux, il revint avec le grade de capitaine au régiment de Langeron (4).

Nous avons dit que la famille Richard était à peu près ruinée; Pierre avait perdu ses parents, rien ne l'attachait donc plus au pays natal. Il suivit en Nivernais son colonel, le comte de Langeron, qui lui fit faire un mariage avantageux. Il épousa par contrat du 27 juillet 1648, passé devant Robin, notaire à Nevers, CHARLOTTE DU GRU DU BOYS, fille et unique héritière de Jean du Gru du Boys, écuyer, seigneur d'Isonne en Berry, de L'Isle ou Lisle, de Sornay et de Chamvé en Nivernais, et de Marguerite de Saguenay (5).

Par ce mariage, Pierre Richard devint seigneur des fiefs de

(1) Arch. de Toury, sér. A, 1.

(2) Extrait baptistaire légalisé aux archives de Toury, sér. A, 24. Nous donnons le texte de cet acte aux pièces justificatives, no VI.

(3) Arch. de Toury, sér. A, 23.

(4) Arch. de Toury, sér. A, 1.

(5) Expédition de ce contrat aux archives de Toury, sér. A, 15.

Lisle (1), de Sornay (2) et de Chamvé (3), situés aux environs de Saint-Pierre-le-Moûtier, et aussi propriétaire de plusieurs îles de la rivière d'Allier, dites de son nom les Isles Richard, au sujet desquelles il eût, en 1675, un procès avec Joseph de Roffignac, seigneur de Meauce (4).

Pierre vivait encore en 1682, il fut à cette époque parrain de l'un de ses petits enfants; il mourut peu de temps après; nous voyons, le 1er octobre 1690, ses enfants partager son héritage (5). Il avait eu trois garçons et deux filles.

1. Jean Richard, écuyer, né en 1649, prit le parti des armes; il fut retraité, jeune encore, avant 1687 (6).

2. Marie-Madelaine Richard, née en 1651, fut, à l'âge de dix ans, marraine de son frère Pierre. Elle mourut jeune sans avoir été mariée (7).

3. Louise-Marie Richard naquit le 4 janvier 1655 et fut baptisée, le même jour, dans l'église paroissiale de Langeron (8). Elle eut pour parrain le comte de Langeron et pour marraine Louise-Marie Andrault de Langeron. Elle épousa, par contrat du 16 mars 1670, passé devant Chambon, notaire royal à St-Pierre-le-Moûtier, François Gallaix, conseiller du roi, garde des sceaux du bailliage et siège présidial de St-Pierre-le-Moûtier, dont elle eut une fille unique, Jeanne, mariée, par contrat du 31 mars 1693, à messire Guil-

---

(1) Fief de la châtellenie de Château-neuf-sur-Allier.—*Insula*, 1270 (archives de la Nièvre).— *L'Isle de Mars*, 1675 (Arch. de Toury).— Actuellement ferme de la commune de Mars.

(2) Fief de la châtellenie de Châteauneuf-Allier.—*Le pont de Sornay, Chornay*, 1349, (Arch. de la Nièvre). — Act. hameau et ferme de la commune de Mars.

(3) Fief de la Châtellenie de Château-neuf-sur-Allier.

(4) Archives de la Nièvre.

(5) Arch. de Toury, sér. A, 14.

(6) Arch. de Toury, sér. A, 26.

(7) Arch. de Toury, sér. A, 27.

(8) Extrait bapt. aux archives de Toury, sér. A, 27.

laume-Claude Tenon, chevalier, seigneur de Fontfay,
fils de Jean Tenon, chevalier seigneur de Fontfay,
capitaine d'infanterie, puis président trésorier de
France en la généralité de Bourges, et de Françoise de
La Chasseigne (1). Louise-Marie fut tutrice de ses
petits enfants et se remaria, vers 1695, au beau père
de sa fille, Jean Tenon, fils de Antoine Tenon, chevalier, baron de La Guerche, conseiller au grand conseil,
et de Marguerite Briçonnet. Elle était veuve quand elle
mourut à Nevers le 20 décembre 1714; elle fut inhumée le lendemain en la paroisse de St-Jean (2).

4. Joseph, dont l'article suit.

5. Pierre, auteur de la branche des seigneurs de Lisle,
rapportée après la branche aînée.

XI. Joseph Richard de Soultrait, écuyer,
seigneur de Soultrait, de Lisle, de Sornay, de
Chamvé et de Magny, naquit à Langeron le
25 mai 1657 et fut tenu, le surlendemain, sur
les fonts baptismaux de l'église de cette paroisse
par Joseph Andrault de Langeron, fils du
comte de Langeron, et par Gabrielle Seignoret (3). Il épousa,
par contrat du 12 septembre 1680 (4), Claude Jacquette
Sallonnier de Nyon, fille de Jean Sallonnier, écuyer, seigneur
de Nyon et de Soultrait, et de Marie Gascoing, qui eut pour
dot la « terre fief et seigneurye de Soubsletraict » (5), plusieurs

(1) Registres paroissiaux de St-Pierre-le-Moûtier.

(2) Reg. paroiss. de St-Jean de Nevers.

(3) Extrait baptistaire aux archives de Toury, sér. A, 27.

(4) Expédition aux archives de Toury, sér. A, 18.

(5) Fief de la châtellenie de Château-neuf-sur-Allier. Voir aux pièces justifica-tives, n° VII, une note sur ce fief.

domaines en dépendant et la dîme de Cougny « qui se léve en la paroisse de Magny et Cours » près de St-Pierre-le-Moûtier.

Ce contrat fut passé à Nevers, en l'hôtel du seigneur de Nyon, par devant Guillin et Billaut, notaires, en présence des parents et amis des deux familles dont les noms suivent: noble homme François Gallaix, conseiller du roi au bailliage et siège présidial de St-Pierre-le-Moûtier; Pierre Sallonnier de Nyon, écuyer, frère de la future épouse; noble et discrète personne Pierre Bouzitat, chanoine et chantre du chapitre de la cathédrale de Nevers; noble homme Jacques Gascoing, écuyer, seigneur de Chaumont; Claude Gascoing, écuyer, président au bailliage et siège présidial de St-Pierre-le-Moûtier; Claude Bouzitat, écuyer, seigneur de Selines.

Le mariage fut célébré en la paroisse de St-Jean de Nevers (à la Cathédrale), par François Bouzitat, chanoine de Nevers et conseiller au présidial de St-Pierre-le-Moûtier, parent du futur époux (1).

Le 11 novembre de la même année, Joseph Richard et sa femme rendirent foi et hommage au seigneur de St-Parize-le-Châtel pour le fief de Soultrait, qui relevait de cette seigneurie. Nous reproduisons, aux pièces justificatives (2), le curieux procès-verbal de cet acte féodal qui est conservé aux archives départementales de la Nièvre (3). Joseph Richard de Soultrait ne comptait pas être magistrat, ni exercer la profession d'avocat, mais, fidéle aux traditions des familles du Midi où les études et les grades du droit avaient toujours été en grand honneur (4), il se fit recevoir avocat au parlement de Paris. Il habita Nevers, où son père s'était établi dans les dernières

---

(1) Reg. paroissiaux de St-Jean de Nevers.
(2) N° VII, note sur le fief de Soultrait.
(3) Titres des familles, lettre R.

(4) Voir à ce sujet le dernier ouvrage de M. de Ribbe : *Une famille rurale au* XVIIe *siècle*, p. 22 et 28.

années de sa vie, et il fut échevin de cette ville en 1694 (1).
Il avait partagé, avec son frère et sa sœur, l'héritage paternel
le 1er octobre 1690 (2).

Jacquette Sallonnier de Nyon fit son testament, devant
Pannetier et Roblin notaires à Nevers, le 13 novembre, 1691 (3).
Dans ce testament, elle se dit fort souffrante d'une grossesse.
Elle mourut en effet, le 26 du même mois, des suites de ses
couches. Nous trouvons dans les registres paroissiaux
d'Ourouer-aux-Amognes, paroisse dont dépendait Nyon, à
la date du 13 décembre 1691, mention de la sépulture d'une
fille de Joseph Richard de Soultrait et de défunte Jacquette
Sallonnier, morte à l'âge de trois semaines.

Madame de Soultrait fut inhumée à Nevers, en la paroisse de
St-Jean (4) ; son mari eut la tutelle de ses enfants. Il mourut
en 1730 ou dans les premiers mois de 1731, car, cette der-
nière année, ses fils firent hommage pour la seigneurie de
Soultrait (5). De Joseph Richard et de Claude-Jacquette
Sallonnier de Nyon naquirent six enfants.

1. Pierre, dont l'article suit.
2. Jean-Charles Richard de Soultrait, écuyer, naquit à
   Nevers le 6 juillet 1684 et fut baptisé le même jour à
   la paroisse de St-Jean (6). Il eut pour parrain son
   grand-père maternel, Jean Sallonnier de Nyon, et pour
   marraine sa grand'mère paternelle, Charlotte du Gru
   du Boys. Il embrassa la carrière des armes et, nommé
   sous-lieutenant au régiment de Piémont le 6 mars 1707

(1) Parmentier, *Archives de Nevers.*
(2) Archives de Toury, sér. A, 14.
(3) Archives de Toury, sér. A, 35.
(4) Voir aux pièces justificatives (no
VIII) la note des dépenses de ses funérailles. Arch. de Toury, sér. A, 33.
(5) Arch. de Toury, sér. A, 38.
(6) Registres paroissiaux de St-Jean de
Nevers. — Extrait baptistaire aux archives
de Toury, sér. A, 31.

il entra immédiatement en campagne et servit avec distinction pendant les dernières années de la guerre de la succession d'Espagne. Il se trouva au siège de Lille et fut promu lieutenant, en 1708, après l'attaque de Seclin. Il fut blessé à la bataille de Malplaquet d'un boulet de canon qui tua son frère M. de Magny. En 1710 Jean-Charles, faisant partie de l'armée assiégée dans Douai comme lieutenant de grenadiers, fut blessé de nouveau à la jambe par un éclat de bombe ; il se trouva aux sièges de Marchiennes, du Quesnoy et de Fribourg ; à ce dernier siège, il fut enterré sous des décombres avec plusieurs de ses soldats et il courut les plus grands dangers. Ses états de service disent qu'il combattit aussi en Catalogne et en Arragon. Fait capitaine au même régiment de Piémont le 12 juin 1721, il dut prendre sa retraite à cause de ses blessures et de ses infirmités en 1727, et il reçut, à cette époque, la croix de St-Louis (1).

Charles Richard de Soultrait fut nommé curateur des enfants de son frère Pierre en 1734 (2) ; huit ans plus tard, il fut échevin de Nevers (3). Il avait épousé en 1721 Claude-Françoise Pinet, fille de Jean Pinet, écuyer, seigneur de Tabourneau, lieutenant particulier au bailliage et pairie de Nevers, et de Marie-Madelaine de Cotignon. Il mourut en 1752 laissant une fille unique.

A. Françoise-Victoire Richard de Soultrait, née à Nevers en 1723, épousa, vers 1740, messire Antoine-Gaspard de Chaussin d'Urly, écuyer,

(1) Etats de service aux archives du ministère de la guerre. Certificats aux archives de Toury, sér. A, 31. — Ar-chives de la famille de Moncorps.

(2) Arch. de Toury, A, sér. 42.

(3) Parmentier, *Archives de Nevers.*

seigneur d'Urly, de La Chaise et du Pont-de-Cressonne, ancien gendarme de la garde du roi, capitaine de cavalerie et chevalier de Saint-Louis (1). Madame d'Urly mourut à Nevers le 12 décembre 1779 et fut enterrée le lendemain en l'église de Saint-Etienne (2). Elle avait eu deux filles Victoire et Louise ; de la première, mariée à Henry-François Le Pain de Bussy, écuyer, seigneur de Fertotot, des Bordes et de Goulnot, descend le comte de Moncorps ; la seconde épousa N. Ferrant de La Forest, ayeul de messieurs de La Forest décédés sans enfants au milieu de ce siècle.

3. Claude-Louis Richard de Soultrait, né à Nevers le 31 juillet 1686, fut ondoyé le même jour et tenu sur les fonts baptismaux de l'église paroissiale de Saint-Jean, le 21 août, par Claude Gascoing, président au présidial de Saint-Pierre-le-Moûtier, et par Louise-Marie Richard, femme de François Gallaix, sa tante, (3). Claude-Louis mourut sans avoir été marié.

4. Joseph Richard, écuyer, appelé monsieur de Magny, naquit à Nevers le 26 septembre 1687 et fut baptisé le même jour à l'église paroissiale de Saint-Jean (4). Il eut pour parrain son oncle Pierre Richard de Lisle, et pour marraine Marie Gascoing sa grand'mère. Entré comme cadet au régiment de Piémont, il fut tué à la bataille de Malplaquet d'un boulet de canon qui lui emporta la tête, blessant, comme nous l'avons dit, son frère Charles, lieutenant au même régiment.

(1) Archives de la famille de Moncorps.
(2) Reg. paroiss. de St-Etienne de Nevers.
(3) Reg. paroiss. de St-Jean de Nevers.
(4) Ibid.

Un certificat du marquis de Fervaques, colonel de Piémont, dont nous donnons le texte aux pièces justificatives (1), témoigne de cette mort glorieuse et de la bravoure du jeune cadet, qui allait être nommé sous-lieutenant. Les archives de la famille renferment aussi une sorte de petit poème latin écrit à la mémoire de Joseph Richard de Magny (2).

5. Marie-Jeanne Richard de Soultrait, née à Nevers le 25 décembre 1689, fut tenue sur les fonds baptismaux de l'église de Saint-Jean par son frère Pierre et par demoiselle Marie Alixand (3). Elle mourut jeune.

6. Pierrette Richard de Soultrait naquit à Nevers en novembre 1691; elle fut sans doute seulement ondoyée, car on ne trouve pas trace de son baptême dans les registres paroissiaux de Saint-Jean. Transportée au château de Nyon, elle y mourut, quelques jours après sa mère, et fut enterrée dans le chœur de l'église parroissiale d'Ourouer, le 13 décembre 1691 (4).

XII. PIERRE RICHARD DE SOULTRAIT, 3e du nom, écuyer, seigneur de Soultrait, de Chamvé, de Toury-sur-Abron, de Montcouroux, de La Forest, de Retz, des Espoisses, de Villecourt et de Rancy, naquit à Nevers le 30 mai 1682 et fut baptisé le même jour à la paroisse de St-Jean, dans l'église cathédrale (5). Il fut tenu sur les fonts baptismaux par son grand-père paternel et par Marie Gascoing, sa

(1) Certificat original aux archives de Toury, sér. A, 32. Pièces justificatives n° X.

(2) Archives de Toury, sér. A, 32.

(3) Reg. paroiss. de St-Jean de Nevers.

(4) Reg. par. d'Ourouer-aux-Amognes (Nièvre).

(5) Reg. paroiss. de St-Jean de Nevers.— Extrait bap. aux Arch. de Toury, sér. A, 34.

grand'mère maternelle. En 1712, il fut élu échevin de Nevers (1). Il se fit recevoir avocat au parlement de Paris en 1717, et il habita la capitale jusqu'à la fin de 1723 (2). Pendant ce séjour, entraîné par ses goûts littéraires et quelque peu philosophiques dans le monde des écrivains, il fit partie de cette association joviale et frondeuse, fondée en 1702, connue sous le nom de régiment de la Calotte (3), et il commença à écrire quelques vers dont nous parlerons.

Ce fut à cette époque qu'il conclut une alliance riche, mais qui ne satisfit sans doute pas ses parents, ce qui semble prouvé par diverses correspondances et par l'omission de toute mention de cette alliance dans les papiers de la famille.

Pierre Richard de Soultrait épousa par contrat du 16 juin 1720, passé devant Lasne et Rondeau notaires à Paris, CATHERINE-MADELAINE MUGUET, fille de feu Louis-François Muguet, avocat au parlement de Paris, conseiller du roi, expéditionnaire en cour de Rome et des Légations, et de Catherine Pillé (4). Pierre est qualifié, dans ce contrat de mariage, seigneur de Soultrait et de Chamvé. La dot fut de soixante-sept mille livres, somme considérable pour l'époque. Il est à remarquer qu'aucun parent de Pierre n'assista au mariage, qui eut pour seul témoin de son côté son compatriote et ami François Marquis, seigneur de Chevigny, porteur de la procuration de son père. Les papiers de la famille, comme nous l'avons dit, ne nous fournissent aucun renseignement sur cette union, qui fut de courte durée, ni sur la mort de Madelaine Muguet, qui sans doute ne vint jamais dans le pays de son mari.

(1) Parmentier, *Archives de Nevers.*
(2) *Almanachs royaux.*
(3) V. l'histoire du régiment de la

Calotte dans le *Moniteur* (novembre 1864).
(4) Grosse de ce contrat sur parchemin aux arch. de Toury, sér. A, 35.

Richard de Soultrait acheta, en 1722 (1), la terre de Rancy (2) et revint en Nivernais l'année suivante. Il devait être veuf depuis plus d'un an quand il songea à une nouvelle alliance qu'il contracta bientôt, dans d'excellentes conditions de naissance et de fortune. Il épousa, par contrat du 17 janvier 1724 passé devant Vaillant et Gentil, notaires royaux à Nevers, MARIE-JACQUETTE LE BOURGOING, fille de Claude-Charles Le Bourgoing, écuyer, seigneur de Toury-sur-Abron, Couroux, Montcouroux, La Forest etc. et de Marie Bernard de Toury (3). Signèrent au contrat : Jean-Charles Richard de Soultrait, écuyer, capitaine au régiment de Piémont frère du futur époux, et Claude-Françoise Pinet, sa femme ; Pierre Richard de Lisle et Marie-Etiennette Carpentier, oncle et tante ; Jean Sallonnier de Nyon, écuyer, seigneur de Nyon, cousin germain, et Etiennette Arvillon du Sozay, sa femme ; Guillaume Le Bourgoing de Sichamps, écuyer, chanoine de Nevers et Marie Le Bourgoing de Sichamps, cousins germains de la future épouse, et plusieurs autres parents et amis des deux familles.

Le mariage fut bénit, en l'église paroissiale de St-Jean, le 29 janvier (4).

Pierre Richard de Soultrait possédait alors les terres et seigneuries de Soultrait, de Rancy, de Chamvé, de Villecourt (5), la dîme de Cougny et un hôtel à Nevers, situé montée des

---

(1) Contrat d'acquisition, arch. de Toury, sér. E, 10.

(2) Rancy, fief de la châtellenie de Nevers. — *Rancyacum*, 1303. (Archives de la Nièvre). — *Seigneurie de Rancy* 1452. (Inv. de Nevers). — *Rancy-lez-Prie*, 1638. — Ferme, commune de La Fermeté.

(3) Grosse en parchemin aux arch. de Toury, sér. A, 26.

(4) Reg. paroissiaux de St-Jean de Nevers.

(5) Ou mieux Vieillecourt, petit fief de la Châtellenie de Nevers. — *Communes de Veteri Culte*, 1355 (Censier du Chapitre de Nevers). — *Viellecourt*, 1430 (Archives de la Nièvre). — Actuellement ferme de la commune de Chevenon.

Recollets, qui avait été acheté, par son père, de la famille Cochet et qui fut habité par ses descendants jusqu'à la Révolution ; le tout d'une valeur 80000 livres tournois (environ 300.000 fr. de notre monnaie).

Jacquette Le Bourgoing avait eu pour dot une somme de vingt mille livres et « la terre haute justice et seigneurie de « Toury-sur-Abron (1), droits, honneurs y attribuez sans « aucune réserve avec les meubles meublant qui sont dans le « chasteau dudit lieu. »

Pierre Richard, appelé à cette époque Monsieur de Chamvé du nom d'un fief de sa famille, devint, le 5 juillet 1729, conseiller maître à la Chambre des comptes du duché de Nivernais (2). Le duc de Nevers lui avait adressé la lettre autographe suivante :

« A Monsieur Soultrait de Champvé Me des comptes de la « Chambre de Nevers. »

« Paris, le 28 mai 1729. »

« Jay efte très aife, Monfieur, que vous ayez acquis la charge « du Sr Gentil, que fa fanté ne luy permettoit pas d'exercer. « Je fcay que vous eftes un excellent fuiet, & me flatte que « vous voudres bien employer une partie de vos lumieres aux « devoirs de voftre charge, & au bien de mon fervice. Je vous « en prie, Monfieur, & de me croire entierement a vous. »

« Le duc de Nevers. (3) »

Nous voyons Richard de Chamvé rendre, en 1731 et 1734, l'aveu et dénombrement de la seigneurie de Soultrait (4), dont il prit le nom à peu près à cette époque, et remplir le même

---

(1) Voir une note sur ce fief aux Pièces justificatives n° X.

(2) Arch. de Toury, sér. A, 37.

(3) Arch. de Toury, sér. A, 37.

(4) Arch. de la Nièvre, titres des familles, dossier Richard de Soultrait. — Arch. de Toury, sér. A, 38.

devoir féodal pour celle de Toury-sur-Abron en 1733 (1). Nous le trouvons, en 1737 et 1738, premier échevin de Nevers portant le titre de maire (2). Il avait cependant commencé par refuser ces honorables fonctions : dans un registre des délibé-rations du Conseil de ville de 1737 (3), est mentionnée une lettre par laquelle il demandait à être déchargé de cette nomi-nation à cause « d'un asthme si considérable qu'il ne sauroit « faire deux pas sans perdre haleine. »

Quelques années plus tard, il se démit de sa charge à la Chambre des comptes de Nevers (4), pour occuper, à celle de Dôle, un office de conseiller, acquis de messire Benoît Marion, baron de Givry et de La Môle. Le 21 mai 1745, il reçut les provisions de son nouvel office (5) qu'il n'occupa pas long-temps, étant mort à Nevers le 4 octobre 1747 (6). Cette année, il avait été nommé recteur de l'Hôtel-Dieu de Nevers (7). Richard de Soultrait fut inhumé, le 6 octobre, à la paroisse de Saint-Jean de Nevers (8), sans doute dans le caveau de la famille de sa femme (9). Il avait testé le 1er août 1740 (10), laissant l'usufruit de ses biens à Jacquette Le Bourgoing, qui eut la tutelle de ses enfants mineurs, par acte passé devant le lieutenant général au bailliage et pairie de Nivernais, le 5 décembre 1747; par le même acte, Jean-Charles Richard de Soultrait, ancien capitaine au régiment de Piémont, fut nommé curateur de ses neveux (11).

L'inventaire des biens, meubles et immeubles ayant appar-

---

(1) Arch. de Toury, ser. A, 23.

(2) *Recherches historiques sur Nevers*, par M. de Sainte-Marie, p. 18.

(3) Invent. des archives de la ville de Nevers, BB,39.

(4) Arch, de Toury, sér. A, 39.

(5) Arch. de Toury, sér. A, 40.

(6) Arch. de Toury, sér. A, 43.

(7) *Invent. des Archives hospitalières de Nevers*.

(8) Arch. de Toury, sér. A, 43.

(9) Arch. de Toury, sér. C, 41.

(10) *Ibid*, sér. A, 41.

(11) Arch. de Toury, sér. A, 68 *bis*.

tenu à la communauté, fut commencé le 9 janvier 1748, et
terminé le 15 mars (1). Cet inventaire, fort étendu, est intéressant, surtout par les détails qu'il donne sur l'exploitation
des terres de Toury-sur-Abron et de Soultrait. Les archives
de Toury renferment aussi les registres des régisseurs de
cette terre, depuis les dernières années du xviie siècle, dans
lesquels on peut suivre les progrès de l'agriculture dus aux
soins des propriétaires, et surtout de madame de Soultrait,
comme on le verra plus loin. Le portrait de Pierre Richard,
revêtu de la robe et de la grande perruque de conseiller à la
Chambre des comptes, est au château de Toury ; à en juger
par cette peinture, il était fort gros, mais il avait une belle tête,
rappelant plutôt les traits de sa mère que ceux de son père et
de son aïeul, qui avaient conservé le type brun et maigre des
races méridionales. La figure est celle d'un homme adonné
aux travaux de l'esprit ; en effet Richard était un travailleur
infatigable écrivant avec facilité en prose et en vers. Il n'avait
cessé de donner cours à ses études littéraires, commencées
pendant son séjour à Paris. Un certain nombre de poésies
de lui se lisent dans le *Mercure de France* et dans d'autres
recueils littéraires du temps ; l'une de ces poésies, intitulée
La Jeunesse, fut dédiée à son ami le poète nivernais Pierre de
de Frasnay, qui lui répondit par le conte : *Les Damnés de
Nevers* (2).

La famille a conservé presque toutes les œuvres de Richard
de Soultrait, imprimées ou manuscrites (3), entre autres
un recueil de contes, spirituels et bien tournés mais un
peu légers, des odes et même une comédie, assez médiocre il

(1) Arch. de Toury, sér. F, 23.
(2) Arch. de Toury, sér. A. 42.

(3) Voir ses manuscrits.

faut en convenir, intitulée : *Le Mariage de monsieur Nigaudet,* ou les *Fourberies de Mascarille.* L'*Annuaire de la Nièvre* pour 1850 a fait connaître une de ses pièces de vers, intéressante pour l'histoire littéraire de la ville de Nevers, qui fait allusion à l'établissement d'une petite Académie nivernaise, dont l'auteur des vers aurait été, sinon peut-être le fondateur, du moins l'un des promoteurs. Là encore notre poète donne carrière à sa verve un peu trop gauloise et philosophique ; on sent que s'il fut un grand admirateur de Jean-Baptiste Rousseau, dont il copia certaines œuvres de sa main et dont il chercha à imiter les odes, il goûta, pour le moins autant, les écrits les plus légers du grand fabuliste.

Pierre Richard, du reste, semble avoir abordé avec plus ou moins de succès tous les genres de littérature ; il s'occupa même quelque peu de théologie (1).

Enfin le comte Georges de Soultrait a publié, à la suite de son édition de l'*Inventaire des Archives de Nevers* de l'abbé de Marolles, des extraits d'un *Inventaire des Archives de l'église cathédrale de Nevers,* dressé par son aïeul. Richard de Soultrait était l'orateur habituel de la Chambre des comptes de Nevers : on trouve dans ses manuscrits le texte de plusieurs de ses harangues, entre autres de celle qu'il adressa, au nom de la Chambre, en 1734, au duc de Nivernais revenant d'Italie.

Jacquette Le Bourgoing survécut longtemps à son mari. Elle administra avec une grande intelligence la fortune assez considérable de ses enfants, qu'elle augmenta dans de notables proportions par une bonne et sage gestion. Les nombreuses notes de son écriture, qui se voient sur les livres des régisseurs de Toury (2), prouvent qu'elle voulait se rendre compte de

(1) Arch. de Toury, sér. A, 42. | (2) Arch. de Toury, sér. F, 25, 29, 31.

tout. Elle bâtit plusieurs fermes de cette terre, fort peu soignée avant elle ; certains bâtiments portent encore les inscriptions commémoratives de leur fondation. Elle fit démolir, en 1775, l'ancien château dont il ne reste plus que le donjon, elle combla les fossés et commença, cette même année (1), la construction du château actuel, qui était à peine terminée lorsqu'elle mourut.

Après avoir, le 30 mai 1740, partagé avec sa sœur les biens de leur mère (2), elle recueillit divers héritages, entre autres ceux de sa tante madame de Melins et de sa cousine Louise Le Bourgoing de Sichamps (3). En outre elle avait acquis (4) le fief de Retz (5) et celui des Espoisses (6), ce dernier ayant la haute justice, puis, en 1765, la ferme des Sacquards, qui fait encore partie de la terre de Toury (7).

Jacquette Le Bourgoing fit, en 1745, 1777, 1787 et 1788, les aveux et dénombrements de la Dîme de Cougny et de la seigneurie de Toury-sur-Abron (8). Elle fut représentée par son fils à l'assemblée de la noblesse du Nivernais de 1789, comme dame haute justicière de Toury (9).

Madame de Soultrait mourut à Nevers, à l'âge de quatrevingt-dix ans, le 13 pluviôse an I (1er février 1794) (10),

(1) Voir le plan terrier de Toury de 1785, aux Archives de Toury.

(2) Arch. de Toury, sér. F, 20.

(3) Ibid, sér. C, 39.

(4) Ibid, sér. E, 14 et 15.

(5) Ou Raix, ancien fief de la châtellenie de Decize, où madame Rocoffort, née Richard de Soultrait, a fait construire un château dans le style de la Renaissance. — Raitz, 1575 (Marolles). — Rests-les-Espoisses, 1583 (Archives de Toury). — Retz, 1616 (Reg. parois. de Toury). — Raiz, 1706 (Arch. de la Nièvre).

(6) Ancien fief de la châtellenie de Decize, dont il ne reste plus qu'une large motte entourée de fossés. — Espoissiæ, 1292 (Arch. de M. Canat de Chizy). — Les Espoisses-de-Lurcy, 1464 (Marolles). — La Motte-és-Espoisses (id).

(7) Arch. de Toury, sér. E, 16.

(8) Ibid, sér. A, 44. — Archives de la Nièvre.

(9) Cahier de la Noblesse du Bailliage de Saint-Pierre-le-Moûtier.

(10) Extrait de l'Etat civil de Nevers, Arch. de Toury, sér. A, 45.

victime d'un accident : elle fut étouffée par le feu qui avait pris à ses vêtements. Les archives de la famille renferment un certificat des habitants de Toury, daté du 8 octobre 1793, attestant sa bienfaisance et les services qu'elle avait rendus à cette paroisse (1).

Le portrait de Jacquette Le Bourgoing, peint à l'époque de son mariage par un Italien nommé Brea, conservé au château de Toury, nous la représente bien telle que son caractère la fait connaître : les traits, agréables mais accentués, sont ceux d'une femme intelligente et énergique ; ils rappellent la figure de son père, dont M. de Soultrait possède aussi un portrait, œuvre assez médiocre du grand peintre Rigaud.

Quatre fils naquirent de l'union de Pierre Richard de Soultrait et de Jacquette Le Bourgoing.

1. Jean-Baptiste-Marie, né le 15 décembre 1724, et baptisé le même jour en la paroisse de Saint-Jean, mourut enfant (2).

2. Jean, né le..... 1725, mourut le 18 mars 1726 (3).

3. Pierre-François Richard de Soultrait, écuyer, seigneur de Toury-sur-Abron, nommé M. de Toury, naquit à Nevers le 27 décembre 1729 et fut baptisé, le même jour, en l'église paroissiale de Saint-Jean (4). Il eut pour parrain Pierre Richard de Lisle, son grand oncle, et, pour marraine, sa tante Françoise Le Bourgoing. Après la mort de son père, il passa avec son frère cadet sous la tutelle de sa mère, ayant pour curateur

---

(1) Sér. A, 45.
(2) Reg. paroissiaux de Saint-Jean de Nevers.

(3) Reg. paroissiaux de Saint-Argile de Nevers.
(4) Arch. de Toury, sér. A, 48.

Charles Richard de Soultrait son oncle (1). Ce dernier étant mort en 1752, un conseil de famille, réuni le 23 février, composé de Jean Sallonnier de Nyon, écuyer, seigneur de Nyon, de Pierre Sallonnier de Nyon, écuyer, de Gaspard de Chaussin d'Urly, écuyer, seigneur d'Urly, gendarme de la Garde du Roi, de Louis-François Simonnin du Vernay, de Philibert Arvillon de Saint-Baudière, de Pierre Sallonnier, écuyer, seigneur de Marigny, et d'Edouard Berthier, chevalier, seigneur de Contres, tous parents des mineurs du côté paternel ou du côté maternel, nomma pour curateur aux deux frères Louis-François Simonnin du Vernay (2). François Richard de Toury fut émancipé le 11 juin 1748 (3). Il passa la plus grande partie de sa vie à Toury et il mourut, sans avoir été marié, à Nevers, le 9 mai 1786. Il fut enterré le lendemain en l'église de Saint-Jean. Il est nommé dans l'acte de sépulture Jean-François Richard de Toury, écuyer, seigneur de Soultrait (4).

4. Jean-Baptiste-Charles, dont l'article suit.

XIII. Jean-Baptiste-Charles Richard de Soultrait, écuyer, seigneur de Soultrait, de Toury-sur-Abron, de Montcouroux, de Couroux, de Retz, des Espoisses, de La Forest, de Fleury-sur-Loire, de La Motte-Farchat, de Bussière, etc. chevalier de Saint-Louis, né à Nevers le 4 mars 1732, fut tenu le même jour sur les fonts baptismaux

(1) Arch. de Toury, sér. A, 48.
(2) Arch. de Toury, sér. A, 48.
(3) Ibid.

(4) Reg. paroissiaux de Saint-Jean de Nevers. — Arch. de Toury, sér. A, 46.

de l'église de Saint-Jean, par son cousin Jean-Baptiste Richard de Lisle, écuyer, seigneur de Lisle et de Sornay, et par sa grande tante Catherine Bernard de Toury, veuve de François Pérude de Melins (1). Nous avons dit comment son frère et lui avaient été placés sous la tutelle de leur mère et comment ils avaient eu pour curateurs leur oncle Jean-Charles, puis Louis-François Simonnin du Vernay. Jean-Baptiste-Charles fut émancipé en même temps que son frère en 1748, puis, le 20 janvier 1749, n'ayant pas encore dix-sept ans, il fut admis dans la première compagnie des mousquetaires de la Garde du roi (2).

On voit les deux frères recevoir, le 25 mars 1753, les comptes de tutelle de leur mère (3) et, le 23 mai 1757, partager la succession de leur père par un acte passé devant Goussot et Bory, notaires à Nevers (4). Par ce partage, François fut investi du droit d'aînesse, tel qu'il était réglé par la Coutume du Nivernais, prélevé sur la seigneurie de Soultrait qui lui appartint en entier ; et Jean-Baptiste-Charles eut une maison à Nevers, la dîme de Cougny et diverses autres rentes. M. de Soultrait, nommé capitaine au régiment de Fleury-Cavalerie le 24 février 1759, fut réformé en 1763, à la fin de la guerre de Sept-Ans qu'il avait faite avec distinction. Replacé dans son même régiment, il reçut la croix de Saint-Louis le 2 mars 1773, puis il donna sa démission le 17 juillet de l'année suivante (5).

Richard de Soultrait, officier de cavalerie distingué, s'était

---

(1) Arch. de Toury, sér. A, 47.

(2) Voir pour la carrière militaire de Jean-Baptiste-Charles, ses états de service, dont l'extrait officiel, délivré par le ministère de la guerre, est aux archives de Toury, sér. A, 51.

(3) Arch. de Toury, sér. A, 49.

(4) Ibib, sér. F, 26.

(5) Etats de services, Arch. de Toury, sér. A, 51.

toujours beaucoup occupé de l'élevage des chevaux ; après sa sortie du service militaire, il fut appelé aux fonctions de commissaire inspecteur des Haras du roi (1), qu'il remplit jusqu'à sa mort. Nous voyons, dans les anciens Annuaires de la ville de Nevers, qu'il fut major, puis colonel de la Garde nationale de cette ville de 1790 à 1791. Il habitait, à Nevers, l'hôtel de la famille, montée des Récollets, et le château de La Motte-Farchat, sur les bords de la Loire, entre Nevers et Decize, qui lui avait été apporté en dot par sa femme.

M. et Mme de Soultrait recevaient beaucoup à Nevers et à la campagne. Il y avait, dans les combles de la Motte-Farchat, un théâtre que le comte Georges de Soultrait nous a dit y avoir vu, en 1840, avec des restes de décors et des affiches annonçant une représentation du *Devin du Village*, de Rousseau, qui avait dû avoir lieu bien peu de temps avant la Révolution, époque où le château, donné en dot à madame Dollet de Chassenet, cessa d'être habité.

Charles Richard de Soultrait épousa, par contrat du 13 février 1760 passé devant Darvoux et Bory, notaires à Nevers, MARIE-BENOITE DE VAUX DE FLEURY, fille de messire Jean de Vaux, écuyer, seigneur de Fleury-sur-Loire, La Motte-Farchat, Bussière, etc., et de feu Jeanne de Bèze (2).

Le contrat fut passé dans l'hôtel de M. de Vaux, en présence des parents et amis des deux familles dont les noms suivent: messire Benoît-Marie de Vaux, écuyer, seigneur de Germancy, oncle de la future épouse ; Marie de Bèze, dame de Chasnay, veuve de messire Louis de Fresne, écuyer, tante

---

(1) Arch. de Toury, sér. G, 24.—Voir aussi sa correspondance aux Archives du château de Vandenesse, où il y avait un haras.

(2) Grosse en parchemin, aux Arch. de Toury, sér. A, 50.

maternelle ; Agathe de Vaux, épouse de messire Gaspard-
Antoine de Prévost, chevalier, seigneur de Germancy ; messire
Pierre de Girard de Vanne, chevalier, seigneur de Sermoise,
Bois, Pully, Vauclois, Saint-Parize-le-Châtel, etc., grand bailli
du Nivernois, lieutenant des maréchaux de France, chevalier
de l'ordre de Saint-Louis, et dame Françoise de Bèze de La
Belouze sa femme, cousin et cousine ; messire Hippolyte
Vyau de La Garde, officier de marine, cousin, Geneviève
Pilliard sa femme ; messire Benoît de Bèze, écuyer, seigneur
de Pignolle, cousin ; messire Pierre-François Richard de
Toury, écuyer, seigneur de Soultrait, frère du futur époux ;
Marie de Bourgoing de Sichamps ; messire Claude-Louis
Bonenfant, écuyer ; messire Jacques Dollet, grand archidiacre
de l'église cathédrale de Nevers, abbé de Varennes et vicaire
général du diocèse de Nevers ; Louis-François Simonnin,
seigneur du Vernay, assesseur général au bailliage et pairie
de Nivernais ; messire Claude-François Le Roy, écuyer,
seigneur de Prunevaux, cousins du futur époux. Plusieurs
autres parents et amis signèrent au contrat ; voici leurs
noms : Maumigny de Verneuil, de Verneuil, Ch^{er} de Verneuil, de Chéry, Berauld de Chéry, de Prunevaux, Berault
Le Roy, Cochet des Chanais, Challudet Chancourt, Charry
Beuvron, d'Assigny, de Maulnory de Romenay, Pierre de
Romenay, de La Roche de Lupy, Charlotte de Loudun, E. de
Berthier de Contres, Pinet des Ecots, Simonnin du Vernay,
Gascoing de Demeurs, E. de Lange, H. de Lange, de Lange,
de Lange, de Berthier, chevalier de Saint-Louis, Coquelin de
Riboville, de La Porte-Saint-Baudière, de Chassy, Berthelot
Richard, Andrieu, Flamen du Coudray, Pinet de La Chasseigne,
Sallonnier de Marigny, Sallonnier de Thiot, de La Chasseigne,
Sallonnier de Nyon, Millin de Nyon, Levesque de Borniole, de

Borniole, Prisye de Lugny, Chaillot Cochet des Chanais, Chaillot de Lugny, Chaillot de Lugny Nerac, Chaillot de Lugny, de Lugny, inspecteur des haras, du Fort Forestier, Forestier Forestier.

Le mariage fut célébré, dans l'église paroissiale de Saint-Etienne de Nevers, le 18 février (1).

Madame de Soultrait hérita, l'année suivante, d'une partie des biens de son oncle M. de Germancy, qui avait fait son testament le 4 novembre 1761 (2). Elle avait aussi hérité de sa sœur Joséphine de Vaux, morte sans avoir eu d'enfants du comte de Sarrazin-Laval. Elle mourut à Nevers, en son hôtel, âgée de quarante-huit ans, le 4 septembre 1782 et elle fut enterrée le 5 en la paroisse de Saint-Jean (3).

Charles Richard de Soultrait recueillit encore plusieurs successions du chef de sa femme (4), entre autres les terres et seigneuries de Fleury–sur-Loire (5), de La Motte-Farchat (6), de Merlay (7) et de La Bussière (8), dont il fit refaire les terriers en 1785 (9). Il fit reconstruire à la même époque le presbytère de Fleury (10). Il figura à l'assemblée de la noblesse du Nivernais de 1789, en son nom comme seigneur de Fleury, et, au nom de sa mère, pour Toury (11), et il fut représenté à

(1) Reg. par. de St-Etienne de Nevers.

(2) Arch. de Toury, sér. C, 50.

(3) Extr. mortuaire. Arch. de Toury, sér. A, 53.

(4) Arch. de Toury, sér. D, 28.

(5) Paroisse et fief, avec haute justice, de la châtellenie de Decize. — *Floriacum*, 1287 (Rég. de l'évêché de Nevers.) — *Floriacum-super-Ligerim*, 1381 (Arch. de la Nièvre.) — *Flory-sur-Loire*, 1482 (*Ibid.*). Commune du canton de Decize.

(6) Fief, avec haute justice, de la châtellenie de Decize. — *La Mote-Ferrechat*, 1486 (*Invent. des titres de Nevers.*) — *La Motte-Ferchat*, 1640 (Arch. de la Nièvre.) — Le château de La Motte-Farchat, belle construction des premières années du XVIe siècle, précédée d'une porte fortifiée un peu plus moderne, se voit encore sur les bords de la Loire, près de Fleury ; il fut bâti sur les ruines d'un château-fort dont quelques substructions sont encore visibles.

(7) Fief de la châtellenie de Decize.

(8) Fief de la châtellenie de Decize.

(9) Arch. de la Nièvre.

(10) *Ibid.*

(11) Cahier de la noblesse du bailliage de Saint-Pierre-Le-Moûtier.

celle du Bourbonnais, par M. de Semyn, comme seigneur de
la partie de Fleury qui dépendait de cette dernière province (1). Il mourut vers la fin de l'année 1792; nous
n'avons pu retrouver la date précise de son décès. Les portraits
de Charles, en uniforme de capitaine de cavalerie, et de sa
femme se voient à Toury. Des deux époux naquirent quatre
enfants.

1. Jean-Jacques-Benoît, dont l'article suit.

2. Marie-Gabrielle-Françoise-Agathe Richard de Soultrait,
   née à Nevers le 15 février 1769 et baptisée le même
   jour en la paroisse de Saint-Jean (2), eut pour parrain
   Pierre-François Richard de Toury son oncle, et, pour
   marraine Marie de Bèze, dame du Chasnay, veuve de
   messire Jean-Louis de Fresne, écuyer, ancien capitaine
   de grenadiers au régiment de Touraine-infanterie, sa
   grand'tante maternelle. Elle épousa, par contrat du
   24 ventôse an III (13 janvier 1795) passé devant
   Bareau notaire à Nevers, Etienne-Gabriel-Claude Vyau
   de Baudreuille de Fontenay, fils de Jacques-Henry Vyau
   de Baudreuille de Fontenay, ancien lieutenant général
   au bailliage de Saint-Pierre-Le-Moûtier, et de Claude-
   Gabrielle Dubois de Bichy. Madame de Fontenay avait
   eu dans sa part de la fortune de ses parents la terre
   de Fleury-sur-Loire et l'hôtel de Nevers; elle mourut
   à Nevers, le 20 mai 1828, laissant deux fils Henry et
   Charles : le premier ne se maria pas; de Charles et
   d'Eugénie Colin de Gévaudan sont nés Edouard et
   Henry mariés, l'un à Ernestine Maublanc de Chiseuil,

---

(1) Cahier de la noblesse de la sénéchaussée de Moulins.

(2) Extrait baptistaire. Arch. de Toury,
sér. A, 54.

l'autre à Marguerite de Maupas, dont deux enfants
Charles et Odette.

3. Antoinette-Françoise Richard de Soultrait, née à
Nevers le 19 août 1770, ondoyée le même jour, fut
tenue sur les fonts baptismaux de l'église de Saint-Jean,
le 25 avril 1772, par son oncle Gaspard-Antoine,
comte de Prévost de La Croix, chevalier, seigneur de
Germancy et de Saint-Loup, chevalier de Saint-Louis,
et par Françoise De Bèze, femme de messire Jacques
Girard de Vanne, écuyer, seigneur de Vanne et de
Sermoise, sa tante à la mode de Bretagne (1). Elle fut
mariée, par contrat du 8 fructidor an III (26 août 1795),
à François-Clément Dollet de Chassenet, fils de Louis
Dollet, seigneur de Chassenet, et d'Anne-Germaine
de Verchère. Le mariage religieux fut célébré quelques jours après dans l'église de Fleury-sur-Loire.
La part de madame Dollet de Chassenet dans la fortune de ses parents fut la terre de La Motte-Farchat. De
cette union naquirent deux enfants : Armand, mort sans
alliance, et Agathe qui épousa Ferdinand de Champs,
ancien garde du corps du roi, chevalier de la Légion
d'honneur et de l'ordre pontifical de Pie IX, dont
cinq filles et trois fils. L'un de ces fils, Antonin, fut tué
au siège de Metz en 1870, étant capitaine d'infanterie,
chevalier de la Légion d'honneur et des ordres de
Saint-Grégoire de Rome et des saints Maurice et Lazare
de Piémont. Le second mourut jeune. Le troisième,
Guillaume, capitaine d'infanterie et chevalier de la
Légion d'honneur, a des enfants.

(1) Extrait des registres paroissiaux | Toury, série A, 55.
de Saint-Jean de Nevers. Archives de |

4. Agathe-Henriette Richard de Soultrait naquit à Nevers et fut baptisée en l'église de Saint-Jean le 14 février 1775 (1). Elle épousa le 13 ventôse an II (3 mars 1794), le contrat de mariage ayant été passé la veille par-devant Mᵉ Bareau notaire à Nevers, Guillaume-Auguste de Champs, fils d'Amable-Charles de Champs, chevalier, seigneur de Creuset, de Champs, de La Boube et de Mont, et de Marie-Élisabeth Léveillé du Fournay, qui fut conseiller de préfecture et secrétaire général du département de la Nièvre, puis préfet de la Creuse et officier de la Légion d'honneur. Madame de Champs mourut à Guéret, le 2 septembre 1842, laissant cinq enfants dont l'aîné seul, Emile, ancien garde du corps, puis sous-préfet et payeur du trésor public, chevalier de la Légion d'honneur, a eu un fils, actuellement marié à Alix de Suremain de Saizeray, dont plusieurs enfants.

XIV Jean-Jacques-Benoit Richard de Soultrait, écuyer, appelé dans sa jeunesse M. de Fleury, naquit à Nevers le 15 janvier 1868 et fut tenu, le même jour, sur les fonts baptismaux de l'église de Saint-Jean par son grand-père maternel Jean de Vaux et par sa grand'mère paternelle Marie-Jacquette Le Bourgoing (2). Il fut élevé, dans sa famille, par un précepteur qui lui donna une sérieuse instruction et sut lui inspirer le goût des lettres qu'il conserva toute sa vie. La bibliothèque de Toury renferme quelques

(1) Extrait des registres paroissiaux de Saint-Jean aux arch. de Toury, sér. A, 56.

(2) Extrait baptistaire aux archives de Toury, sér. A, 57.

classiques latins et français, d'un format portatif, dont l'*ex libris:
Soultrait, officier de dragons,* prouve que ces petits volumes
faisaient partie du mobilier de garnison du jeune sous-lieutenant.

Jean-Jacques-Benoît passa son enfance à Nevers et au
château de La Motte-Farchat (1), puis, à l'âge de seize ans, il
entra comme sous-lieutenant au régiment de Condé-Dragons,
ancien régiment de Fleury-Cavalerie, dans lequel son père
avait fait sa carrière militaire. Il se retira du service au
commencement de 1792 (2), et, revenu à Nevers, il demanda
la main de sa cousine germaine Françoise de Prévost, qu'il fut
autorisé à épouser par un conseil de famille, réuni le 27 juin 1792,
composé des parents dont les noms suivent: Amable-Charles
de Champs, chevalier, seigneur du Creuset, Louis-Laurent-
Joseph de Montagnac, chevalier, chevalier de Saint-Louis et
Pierre de Berthier, chevalier, cousins du côté paternel ; Jacques-
Jean Vyau de La Garde, Pierre-Bernard de Borniol, prêtre,
et Louis-Claude Marion des Barres, écuyer, cousins du côté
maternel. Ce conseil nomma pour tutrice *ad hoc* Marie-
Jacquette Le Bourgoing, veuve de Pierre Richard de Soultrait (3). Jean-Jacques-Benoît épousa, par contrat du
28 juin 1792 passé par-devant Demeuré et Boury, notaires à
Nevers, JEANNE-FRANÇOISE DE PRÉVOST DE LA CROIX, dite
Madame de Crécy, chanoinesse non professe du chapitre noble

(1) Le souvenir de J.-J.-B. Richard de
Soultrait est conservé à La Motte-Farchat
par cette inscription bizarre gravée sur une
pierre de taille : *Ad supremi omnium archi-
tecti gloriam, Ludovico-Philippo-Josepho Au-
relianensi Carnutino duce, summo oriente
necnon gallicæ architecturæ principante, Joannes Jacobus Benedictus de Soultrait de Fleury,
ætatis suæ aunos agens XII, hujus ædificii,*
*intra duos menses perfecti, angularem posuit
lapidem, cujus operibus præfuit et mater, arte
regulari studuit ordinavit Maria de Vaux,
domina de Fleury XIV die mensis anno architecturæ 1779.*

(2) Etats de service au ministère de la
guerre, extrait aux arch. de Toury, sér.
A, 58.

(3) Arch. de Toury, sér. A, 59.

de Leigneux en Forez, fille de Gaspard-Antoine comte de Prévost de La Croix, chevalier, seigneur de Germancy, Saint-Loup et Crécy, chevalier de Saint-Louis, ancien capitaine au régiment de Touraine, et d'Agathe de Vaux (1). Furent présents au contrat : Mesdemoiselles de Soultrait, sœurs du futur époux ; Ambroise de Moncorps, chevalier, et Françoise-Victoire Le Pain de Bussy, son épouse, ses cousins ; Amable-Charles de Champs, chevalier, seigneur du Creuset, et Catherine-Elisabeth de Prévost de La Croix, beau-frère et sœur de la future épouse ; et ses cousin et cousines : Edme Andras, chevalier, vicomte de Marcy, Anne-Antoinette de La Ferté-Meun, son épouse, et Louise de La Ferté-Meun.

Le mariage fut bénit à Nevers, où madame de Soultrait mourut, le 19 janvier 1799, quelques jours après la naissance de son fils Abel (2), à l'hôtel de Prévost, rue de Nièvre, qui devint la propriété de M. de Soultrait et de ses enfants.

Après la mort de celle qu'il aimait tendrement et qu'il regretta toute sa vie, Soultrait partagea son temps entre Nevers et Toury, s'occupant beaucoup de l'éducation de ses fils. La profonde affection qui unissait le père et les enfants a pour touchant témoignage les nombreuses lettres de ces derniers conservées à Toury ; ces correspondances forment comme un journal détaillé de la jeunesse des deux frères.

Plus tard Richard de Soultrait se consacra à l'administration et à l'amélioration de ses propriétés, et aux affaires du canton de Dornes, qu'il représenta longtemps au Conseil d'arrondissement de Nevers, alors que ce canton ne nommait

---

(1) Expédition originale aux arch. de Toury, sér. A, 59.

(2) Extrait mortuaire aux arch. de Toury, sér. A, 60.

point de membre au Conseil général. Maire de Toury pendant les premières années du siècle, il avait accepté, sous la Restauration, les modestes mais si utiles fonctions de juge de paix, alors que ces fonctions, à peu près semblables à celles des juges des Comtés en Angleterre, étaient en général remplies par de grands propriétaires, préoccupés du bien public et désireux de mettre en pratique ces sages préceptes qu'Olivier de Serres donne dans son *Théâtre d'agriculture et mesnage des champs* (1) « Noftre pere de famille adjouftera a fes œuvres « charitables de s'emploïer à pacifier les débats & querélles « entre fes fubjeûs & voifins, les gardant d'entrer en procès, « & à les en fortir s'ils y font, à ce que, la paix eftant confervée « parmi eux, il participe luy-mefme à l'aife & repos qu'elle « aura produit, imitant par fon entremife plufieurs grands « feigneurs & gentilshommes de ce roïaume, lefquels avec « beaucoup d'honneur ont telle exquife partie en recomman-« dation ».

Il semble que Richard de Soultrait s'était inspiré tout particuliérement de ces belles pensées dans l'accomplissement des devoirs de sa magistrature rurale, qu'il exerçait, dans son château de Toury, avec une grande sagesse et une parfaite connaissance, sinon des lois, du moins des usages et coutumes du pays. Soucieux des intérêts du canton, il s'appliquait aussi à y faire régner la bonne harmonie entre les habitants. Les procès étaient rares sous cette autorité paternelle et cette action pacificatrice, et, après un demi-siècle, le souvenir de la haute et salutaire influence du propriétaire de Toury est encore vivant dans le canton de Dornes.

Par acte du 7 octobre 1825 (2), M. de Soultrait, se réservant

---

(1) Livre I, chap. VI. | (2) Arch. de Toury. sér. D, 20.

une pension et la jouissance du château de Toury, partagea entre ses deux fils sa fortune et celle de sa femme. Gaspard, l'aîné, eut la terre de Toury-sur-Abron; Abel eut la terre de Saint-Loup (1), l'hôtel de la famille à Nevers et des valeurs mobilières.

Gaspard de Soultrait passait l'hiver à Montbrison chez son beau-père M. de Saint-Léger, alors receveur général de la Loire; à la belle saison, il revenait à Toury auprès de son père qui s'occupait avec bonheur de son petit-fils Georges, dont il voulait être le premier instituteur. Le bon aïeul se séparait difficilement de cet enfant et il allait parfois à Montbrison retrouver son élève; ce fut pendant l'un de ses séjours dans cette ville qu'il mourut, le 20 mai 1829; il fut inhumé le lendemain dans le cimetière. Par son testament, fait le 20 novembre 1828 (2), mais trouvé seulement en 1854, il avait demandé à reposer à Toury. Cette dernière volonté fut accomplie par son petit-fils qui, en 1861, fit transporter les restes de son aïeul dans un tombeau de famille.

Un portrait de M. de Soultrait, en uniforme de sous-lieutenant de dragons, nous le représente lors de son entrée au service: sous le casque à turban de peau de tigre, posé un peu de travers, se montre une figure très jeune, presque enfantine, d'une expression joyeuse et animée. Jean-Jacques était en effet plein d'esprit et de bonne humeur; il fut un des hommes distingués et aimables de la société de Nevers au commencement de ce siècle. Sa bonté était proverbiale, et l'hospitalité de Toury, comme celle de La Motte-Farchat du temps de

(1) Commune de Saint-Germain-en-Viry, canton de Decize. Ancien fief de la châtellenie de Decize, qui venait de la famille de Prévost.

(2) Arch. de Toury, sér. A, 62. — Voir ce testament aux pièces justificatives no XI.

son père, était charmante et recherchée. Il avait eu quatre enfants.

1. Gaspard-Antoine-Samuel, dont l'article suit.

2, 3. Félix et Agathe Richard de Soultrait, morts au berceau.

4. Joseph-Étienne-Abel Richard de Soultrait, né à Nevers le 6 janvier 1799, baptisé le même jour en l'église de Saint-Étienne (1), fit ses études au collége de Nevers et au lycée Henri IV à Paris. A la Restauration, il fut admis, malgré sa jeunesse, comme garde du corps surnuméraire dans la compagnie d'Havré, qu'il abandonna bientôt pour aller vivre avec son père en Nivernais, où l'appelaient ses goûts pour l'agriculture et les plaisirs de la campagne, et il fut longtemps maire de la commune de Toury. Il épousa par contrat passé, le 15 octobre 1825, à l'hôtel de Champfeu à Moulins, devant Me Saulnier notaire, Anne-Marie-Pauline de Champfeu, fille de Pierre-Jacques comte de Champfeu, chevalier de Saint-Louis, ancien capitaine de cavalerie, inspecteur général des services de la Maison du roi, et de Constance-Julienne Rodier. Cette union fut célébrée le lendemain 16 octobre 1825 en l'église cathédrale de Moulins.

Les nouveaux époux s'établirent, près de Toury, au château de Lurcy, appartenant à leur tante Mme de Champs, où ils résidèrent jusqu'en 1831. A cette époque, Abel de Soultrait acheta, aux environs de Moulins, la terre de La Ronde, de la commune d'Iseure, qui touchait aux propriétés de sa femme ;

(1) Actes de naissance et de baptême, | aux archives de Toury, sér. A, 63.

il en reconstruisit en partie le château, dont il fit une charmante habitation entourée d'un beau parc. Maire de l'importante commune d'Iseure depuis son installation à La Ronde, il avait été nommé, dans les dernières années de sa vie, conseiller de préfecture de l'Allier. Il mourut, avec la foi et la pieuse résignation d'un chrétien, au château de La Ronde, le 6 août 1864, au moment où la croix de la Légion d'honneur allait être la juste récompense de ses quarante-cinq ans de services, dont quarante de services gratuits (1).

Il fut inhumé, le 8 août, dans le cimetière de Moulins, auprès de sa fille Clémentine, dont la mort prématurée avait profondément attristé ses dernières années.

Grand chasseur, habile écuyer, amateur de tous les exercices du sport, Abel de Soultrait joignait aux qualités de l'homme du monde les plus grandes aptitudes pour les arts. Peintre sans avoir jamais appris le dessin, musicien sans avoir fait d'études d'harmonie, il peignait avec talent et il a laissé un certain nombre d'œuvres musicales qui ne manquent pas de mérite. Élégant écrivain en vers et en prose, il donna à la revue bourbonnaise l'*Art en Province* et aux élégants *Keepsakes* de Desrosiers, l'imprimeur artiste de Moulins, des nouvelles et des pièces de vers qui furent remarquées. Il publia, en un volume (Moulins, 1861), de très jolies fables, déjà parues pour la plupart dans les recueils bourbonnais.

Peu de temps après la mort de son mari, Mme de

(1) Voir les journaux de l'Allier et de la Nièvre du mois d'août 1864, et une lettre de M. le vicomte de Vougy, directeur général des télégraphes, au comte de Soultrait, dans les archives de Toury.

Soultrait vendit le château de La Ronde, qui ne lui offrait plus que solitude et tristesse ; elle alla habiter Moulins, puis se fixer auprès de sa fille aînée Mᵐᵉ de Quirielle. Toujours jeune de cœur et d'esprit, exempte d'infirmités, conservant sous ses cheveux blancs une fraîcheur et une activité que n'ont point altérées les ans, Mᵐᵉ Abel de Soultrait, entourée de la tendre affection de ses enfants, a vu les joies de la famille s'augmenter par la naissance d'un arrière-petit-fils, dont la jeunesse se développera certainement sous ses yeux.

Abel de Soultrait avait eu trois filles.

A. Jeanne-Marie-Constance Richard de Soultrait, née à l'hôtel de Champfeu, à Moulins, le 21 mars 1827, fut baptisée le lendemain. Elle eut pour parrain son grand-père paternel, et pour marraine sa grand'mère maternelle, la comtesse de Champfeu. Elle épousa au château de La Ronde, par contrat du 11 janvier 1846, passé devant Mᵉ Saulnier, notaire à Moulins, Jean-Marie-François-Xavier Simon de Quirielle, fils de Claude-François-Marie Simon de Quirielle et de Magdeleine Le Comte. Deux enfants sont nés de ce mariage : Roger, qui a un fils de Louise Burelle, et Magdeleine mariée, en 1879, au vicomte Abel de Vichy.

B. Gaspardine-Anne-Zélie Richard de Soultrait, née à Moulins le 5 mars 1829, fut tenue sur les fonts baptismaux par son oncle Gaspard de Soultrait et par sa grand'tante Zélie Rodier, baronne des Rotours. Elle fut mariée dans l'église paroissiale d'Iseure, le 25 septembre 1854, à Gustave-Jean-Pierre-Marie baron de Potier, receveur particulier des finances, fils de feu Pierre-Jacques comte de Potier, maréchal des camps et armées du roi, ancien gentilhomme ordinaire de la Chambre du roi Charles X, grand officier de la Légion d'honneur, chevalier de l'ordre royal et militaire de Saint-Louis et de l'ordre militaire de Saint-Ferdinand d'Espagne, et de Marie-Catherine-Louise Claveau, remariée au général Alexandre. Le contrat de mariage avait été passé la veille, au château de La Ronde, par-devant Me Saulnier notaire à Moulins. La baronne de Potier mourut, à Pont-l'Evêque, le 8 janvier 1870 et fut inhumée, le 11 du même mois, dans le cimetière de Moulins. Elle a laissé trois filles : Anne, Thérèse et Constance.

C. Hyacinthe-Marie-Clémentine Richard de Soultrait naquit au château de La Ronde le 21 décembre 1835 et fut baptisée à Iseure. Son parrain fut son oncle le comte Jules de Champfeu, et sa marraine, sa tante paternelle Mme de Soultrait. Elle épousa, le 22 février 1858, Christophe-Louis-Charles de Mauraige, payeur du Trésor public, fils de Christophe-Théodore de Mauraige et de Jeanne-Thérèse Lherbette. Le contrat de mariage avait été passé, au château de La Ronde, devant Me Saulnier, notaire à Moulins, et la bénédiction nuptiale fut donnée dans l'église d'Iseure. Mme de Mauraige est morte à La Ronde le 25 décembre 1859 et a été enterrée au cimetière de Moulins.

XV. Gaspard–Antoine–Samuel Richard comte DE SOULTRAIT, officier de la Légion d'honneur, décoré de la médaille de Sainte-Hélène et commandeur de l'ordre pontifical de Saint-Grégoire-le-Grand, naquit à Nevers, dans l'hôtel de la famille de sa mère, le 3 juin 1793 (1). Il fut baptisé, sans doute secrètement, ayant pour parrain son grand-père maternel, le comte de Prévost de La Croix, et pour marraine, sa tante Antoinette Richard de Soultrait.

Après d'excellentes études au collège de Nevers (2), Gaspard de Soultrait fut admis, le 21 novembre 1811, à l'école militaire de Saint-Cyr, dont il sortit, le 30 janvier 1813 (3), sous-lieutenant au 4e régiment de tirailleurs de la jeune Garde impériale. Il fit glorieusement la campagne de Saxe. Un coup de feu lui cassa le bras gauche à la bataille de Dresde (27 août 1813), et, ce bras encore en écharpe, le jeune sous-lieutenant voulut prendre part à la bataille de Leipsik; son courage lui valut les félicitations de l'Empereur, mais aussi une seconde blessure, une balle l'atteignit à la jambe droite.

Promu successivement au grade de lieutenant, le 20 novembre 1813, et à celui de capitaine, le 22 janvier 1814 pour sa belle conduite au combat de Schwelgem; il fut, après la campagne de Belgique, proposé pour la croix de la Légion d'honneur (4); il n'avait pas encore vingt et un ans.

---

(1) Extrait de naissance aux archives de Toury, sér. A, 69.
(2) Voir les Annuaires de la Nièvre.
(3) Arch. de Toury, sér. A, 70.
(4) Certificat du colonel du 4e régiment de tirailleurs, aux arch. de Toury, sér. A, 70.
—Voir, pour la carrière militaire de Gaspard de Soultrait, le relevé de ses états de service délivré par le ministère de la guerre, et ses divers brevets. Arch. de Toury, sér. A, 71 à 78.

En août 1814, Soultrait entra dans la première compagnie des mousquetaires de la Garde du roi (Mousquetaires gris), en qualité de brigadier, grade équivalant à celui de capitaine de cavalerie, et, le 19 mars 1815, il reçut le brevet de chevalier de la Légion d'honneur (1).

Lors du départ de Louis XVIII pour Gand, les Mousquetaires accompagnèrent le Roi jusqu'à la frontière ; puis Gaspard alla rejoindre son père à Toury, ne voulant pas rentrer dans l'armée pendant les Cent-Jours. Un certificat du général comte de Lauriston, capitaine-lieutenant des Mousquetaires gris, témoigne de la parfaite conduite de notre officier pendant son service dans la Maison-Rouge (2).

A la seconde Restauration, les compagnies de mousquetaires n'ayant pas été reconstituées, Gaspard obtint, le 23 octobre 1815, les épaulettes de capitaine au 1er régiment d'infanterie de la Garde royale et, le 22 janvier 1818, celles de chef de bataillon.

Monsieur de Soultrait se mariait deux ans plus tard et promettait de quitter le service. Le sacrifice était grand (3) : adorant l'état militaire, officier supérieur à vingt-huit ans, depuis trois ans déjà, il avait devant lui une belle carrière dans l'armée ; il se résigna pourtant et fut mis, sur sa demande, en non activité le 25 février 1821. Rentré dans la vie privée, il habita alternativement auprès de son père, à Toury, et à Montbrison, chez son beau-père. Gaspard de Soultrait avait épousé, par contrat signé du roi Louis XVIII et des princes de la famille royale, passé devant Me Cham-

---

(1) Brevet aux arch. de Toury, A, 75.

(2) Arch. de Toury, sér. A, 76. — On donnait le nom de Maison-Rouge aux quatre premières compagnies de cavalerie de la Garde du roi sous la première Restauration, qui portaient l'uniforme rouge.

(3) Voir sa correspondance avec son père aux archives de Toury.

pion, notaire à Paris, le 3 février 1820, HYACINTHE-ESTHER OUTREQUIN DE SAINT-LÉGER, fille d'Alexandre - Philippe - Prosper Outrequin de Saint-Léger, receveur général des finances, et d'Hyacinthe de La Rivière du Prédauge (1). Signèrent au contrat les personnes dont les noms suivent : Charlotte-Jeanne de Prévost de La Croix, comtesse de Tamnay, et Marie-Benoîte-Joséphine de Prévost de La Croix, baronne de Bourgoing, tantes du futur époux ; Abel de Soultrait, son frère ; Louis-Honoré et Ernestine de Bourgoing, ses cousin et cousine germains ; Charlotte-Ferdinande-Marie de Choiseuil, comtesse de Sérent, sa cousine ; Hippolyte de Vougny comte de Boquestant, beau-frère de la future épouse, et Louis Outrequin de Saint-Léger son oncle ; enfin le lieutenant général comte d'Ambrugeac ; le baron Balthazard d'Arcy, maréchal de camp, colonel du 1er régiment de la Garde ; le marquis et la marquise de Rancougne ; le chevalier de Gévaudan ; le chevalier de La Vieuville et madame de Courcelles, amis des deux familles.

Le mariage fut célébré dans l'église de l'Assomption, à Paris, le 8 février.

M. de Soultrait succéda à son beau-père comme receveur général de la Loire en 1832. Il était fort aimé à Montbrison, où il fut membre du conseil municipal, administrateur des hospices et commandant de la garde nationale. Le 10 décembre 1844, il fut envoyé dans le département des Vosges ; puis il fut appelé, en 1846, à la recette générale du département de Saône-et-Loire. « Il était à Mâcon en 1848, » dit M. Le Normand, dans un article nécrologique sur M. de Soultrait (2) ;

---

(1) Contrat original aux archives de Toury, sér. A, 81.

(2) V. le journal le *Salut Public* de Lyon du 28 Décembre 1858. M. Léonce Le Normand était en 1848 rédacteur en chef d'un journal à Mâcon.

« là, tandis que ses talents militaires l'appelaient au comman-
« dement de la·garde nationale et contribuaient efficacement
« à la conservation de l'ordre, trop fréquemment menacé,
« son expérience comme fonctionnaire et son caractère aussi
« ferme que conciliant ont réussi à prévenir des crises sou-
« vent imminentes dans une contrée alors si accessible à la
« défiance et à l'effervescence politique. »

M. de Soultrait fut fait officier de la Légion d'honneur le
5 août 1850 (1) et il reçut, le 19 janvier 1853, le brevet et les
insignes de commandeur de l'ordre de Saint-Grégoire-le-
Grand (2). Il fut appelé, le 26 juin 1854, à la recette générale
du Rhône ; l'année suivante, par un bref du 4 octobre,
S. S. le pape Pie IX lui conférait le titre de comte personnel,
son fils ayant déjà été investi, comme on le verra plus loin,
du même titre héréditaire (3). Enfin, le 27 novembre 1857, il
recevait, en sa qualité d'ancien officier du premier Empire, la
médaille de Ste-Hélène. C'est à cette époque que M. de Soultrait se sentit atteint du mal si grave qui devait amener sa fin.

« Pendant cette lente et cruelle maladie qui le minait
« sourdement, dit M. Regis de Chantelauze (4), et qui le
« livrait en proie aux douleurs les plus aiguës, il s'attachait,
« avec une scrupuleuse délicatesse, avec une sollicitude toute
« paternelle, à dissiper les alarmes autour de lui, à répandre
« parmi les siens la sécurité et l'espoir. Jamais son visage
« ne trahissait une souffrance, jamais ses lèvres ne laissaient
« échapper un soupir. Ce n'était qu'en secret, à l'écart, au
« pied du crucifix, qu'au milieu de ses prières, il exhalait sans
« contrainte les gémissements que lui arrachaient les pointes

(1) Arch. de Toury, sér. A, 89.
(2) Ibid., A, 90.
(3) Arch. de Toury, sér. A, 92.

(4) Gazette de Lyon du lundi 27 Décembre 1858. Article nécrologique sur
M. de Soultrait.

« de la douleur, et qu'il les offrait à Dieu par un pur holo-
« causte. En présence de sa femme et de ses enfants, il repre-
« nait son inaltérable sérénité d'âme, son invincible fermeté.
« Jusqu'au dernier jour, il a persisté dans ce noble rôle,
« jusqu'au dernier moment, il a héroïquement lutté contre
« son mal, afin que le deuil entrât le plus tard possible dans
« sa maison jusque-là si calme, si heureuse et si bénie du ciel. »

Dans la nuit du 24 au 25 décembre, le comte de Soultrait,
soutenu par la conscience d'une vie pure et par le souvenir du
bien qu'il avait fait, fortifié par les secours de la Religion,
expira, entouré de sa famille, avec le calme du juste qui met
son espoir dans la vie future.

Les funérailles eurent lieu, le lundi 27 décembre, dans
l'église paroissiale de Saint-Martin-d'Ainay, remplie d'une
assistance nombreuse et sympathique ; et, le même jour, les
restes de M. de Soultrait furent transportés, par son fils et ses
gendres, à Toury, où l'inhumation se fit le lendemain.

Nous empruntons encore à l'écrivain distingué auteur
d'importants travaux historiques et littéraires, à M. Regis
de Chantelauze (1), les lignes suivantes qui font si bien
connaître ce qu'était le receveur général du Rhône.

« Le comte de Soultrait possédait au suprême degré les
« qualités les plus indispensables à tous ceux qui sont placés
« à la tête des affaires publiques. Il était poli sans roideur,
« affable sans familiarité ; toujours bienveillant et homme du
« monde, en tout et partout, dans son cabinet comme dans
« ses salons. Sans cesse attentif à ménager les amours-propres
« et les susceptibilités, prompt d'ailleurs à deviner, avec un
« merveilleux instinct, les nuances des caractères, il s'attachait

(1) Article nécrologique cité plus haut.

« avec un soin vigilant et scrupuleux à éviter les froissements,
« à adoucir les aspérités, et par son inaltérable patience,
« comme par sa constante aménité, il savait toujours mener
« à bonne fin les affaires les plus envenimées et les plus
« épineuses. »

Par son testament, du 27 novembre 1857 (1), empreint
des sentiments de la plus grande piété et de la plus vive
affection pour ses enfants, Gaspard de Soultrait avait exprimé,
comme son père, le désir d'être inhumé à Toury où, à la fin
de sa vie, il avait souvent manifesté l'intention de fonder un
tombeau de famille. Sa veuve et ses enfants s'empressèrent
d'accomplir cette dernière volonté et de faire construire, dans
le cimetière de Toury, une chapelle, qui fut bénite le 10 août
1862, et dont le caveau reçut les dépouilles mortelles de M. de
Soultrait et celles de son père rapportées de Montbrison.

La comtesse de Soultrait quitta, au bout de quelques mois,
l'hôtel de la Recette générale du Rhône (rue du Plat), que
son mari avait fait arranger, avec un soin particulier, pour
y avoir tous ses enfants auprès de lui. Il ne comprenait pas
de bonheur plus grand que cette vie de famille, rendue plus
nombreuse et plus animée d'année en année par les mariages
de ses filles et de son fils.

Mᵐᵉ de Soultrait partageait la tâche du père de famille,
secondait son autorité ; et grâce à sa direction, ferme et douce
à la fois, cet intérieur, où venaient se grouper belle-fille,
gendres, petits-enfants, ne connut jamais les troubles intimes
dont bien peu de familles sont exemptes. Après la mort de
celui qu'elle chérissait et appréciait comme il méritait de
l'être, elle prit à Lyon une nouvelle habitation, continuant

(1) Arch. de Toury, sér. A, 94.

les traditions patriarcales de chef de famille, centre et lien de tous.

Aidée de ses filles et de sa belle-fille, madame de Soultrait s'occupait beaucoup de bonnes œuvres, et surtout de celle, si importante, de la Charité maternelle, dont elle fut présidente pendant six années, puis présidente honoraire. Elle savait allier tous les devoirs : après ses enfants et petits-enfants, objets des plus tendres affections de sa vie, elle faisait encore au monde une large part. A la Recette générale, comme à la place Napoléon et au cours Perrache, ses salons furent gracieusement ouverts aux amis et aux relations de toute la famille, aux nombreux étrangers désireux et empressés d'être admis chez elle. La société lyonnaise conservera longtemps le souvenir de l'accueil aimable, des distractions délicates qu'elle trouva dans cette maison hospitalière. Des regrêts unanimes accompagnèrent le départ de Mme de Soultrait lorsqu'elle alla habiter alternativement Paris et le Nivernais, avec sa fille aînée, au milieu de l'année 1876.

Sous des dehors sérieux, même un peu froids, la comtesse de Soultrait cachait un esprit d'élite et un cœur susceptible de tous les dévouements : mère tendre et éclairée, elle avait nourri ses cinq enfants, et élevé auprès d'elle ses quatre filles dont elle avait fait des femmes distinguées, instruites et remplies de talents. Son heureuse vieillesse ne connut pas d'infirmités ; sa bienveillance semblait grandir encore, quand l'âge affaiblissait les facultés qui la distinguaient; et alors qu'elle ne pouvait plus parler, ni même peut-être penser, un doux et bon sourire témoignait du bonheur de se trouver entourée de ses enfants, au milieu desquels elle s'éteignit, sans agonie, sans souffrances, à Paris, le 16 avril 1878. Après un service dans l'église Sainte-Clotilde, sa paroisse, ses dépouilles mortelles furent transportées à Toury et déposées, le 20 avril, dans le caveau de la famille.

Le comte de Soultrait avait eu cinq enfants.

1. Jacques-Hyacinthe-Georges, dont l'article suit.

2. Agathe-Alexandrine-Adona Richard de Soultrait naquit à Toury-sur-Abron, le 5 juin 1824, et fut tenue sur les fonts baptismaux de l'église de cette paroisse par son grand-père maternel M. de Saint-Léger, et par sa grand'tante Mme de Fontenay.

Elle fut mariée, par contrat passé au château de Toury devant Me Valette, notaire à Lucenay-les-Aix, le 4 décembre 1842, à Antoine-Marie-Adolphe Brac de La Perrière, fils d'André-François-Anne Brac de La Perrière et de Césarine Michel. Signèrent à ce contrat les parents et amis dont les noms suivent: MM. Paul Brac de La Perrière et Edmond Brac de Bourdonnelle, frère et cousin du futur époux; MM. Abel et Georges de Soultrait, oncle et frère de la future épouse; mesdames du Fournay, née de Prévost de La Croix, de Soultrait et de Champs, ses grand'tante et tantes; mesdemoiselles de Soultrait, ses sœurs et cousines germaines; le vicomte de Tryon et monsieur et madame de Wavrechin, ses cousins; le comte Jules de Champfeu et d'autres amis de la famille. Le lendemain, le mariage fut bénit dans l'église de Toury.

M. de La Perrière mourut, sans avoir eu d'enfants, le 25 septembre 1865; et le 12 juillet 1870, sa veuve se remaria, à Paris, avec Marie-Emile-Alexandre Rocoffort, fils de Jean-Augustin Rocoffort et de Louise-Rose-Henriette de Belloy.

3. Joséphine-Marie-Charlotte-Ernestine Richard de Soultrait, née au château de Toury le 25 mai 1827, fut
baptisée dans l'église de cette paroisse le 24 juin
suivant. Son parrain fut son oncle M. Abel de Soultrait
et sa marraine, Mlle Françoise de Courcy, son arrière-
grand'tante maternelle, représentée par Mlle Charlotte
de Champs, sa tante à la mode de Bretagne du côté
paternel.

Ernestine de Soultrait épousa, à Epinal en 1846,
Marie-Victor vicomte de Matharel, alors receveur particulier des finances, fils de Louis-Hippolyte-Jean
vicomte de Matharel, chevalier de la Légion d'honneur,
receveur général des finances du département du Puy-
de-Dôme, et de feu Marie-Joséphine-Mélanie-Zoé de
Mailhet de Vachères.

Le contrat ayant été signé à l'hôtel de la Recette
générale des Vosges le 24 mai, le mariage fut bénit,
dans l'église paroissiale de Saint-Guery d'Epinal, par
S. G. Mgr Manglard, évêque de Saint-Dié. Les
témoins furent MM. le comte Victor de Matharel, le
baron Francis de Chabrol-Chaméane, Abel et Georges
de Soultrait.

La vicomtesse de Matharel mourut à Mâcon, le
6 août 1848, sans laisser d'enfants. Elle fut enterrée
dans le cimetière de cette ville le surlendemain, puis
son corps fut transporté, le 16 août 1862, à Toury,
dans le tombeau de famille.

4. Hyacinthe-Hippolyte-Alix Richard de Soultrait, née à
Montbrison, à l'hôtel de la Recette générale, le 26
mai 1829, fut baptisée à Toury le 26 juillet. Elle eut

pour parrain son oncle maternel le comte Hippolyte
de Vougny de Boquestant, et pour marraine sa grand'
mère Mme de Saint-Léger, représentés par Georges
et Adona de Soultrait, son frère et sa sœur.

Alix de Soultrait fut mariée, en 1848, à Louis-Adrien
Roger vicomte de Thoisy, fils de feu Jean-Baptiste-
Amédé-Madeleine baron de Thoisy, ancien officier de
marine, et d'Amélie-Henriette-Jeanne Guillaume de
Chavaudon. Le contrat, passé par-devant Me Conde-
minal, notaire à Mâcon, à l'hôtel de la Recette générale le 23 janvier, eut pour témoins : MM. Delmas,
officier de la Légion d'honneur, préfet de Saône-et-
Loire, et le baron de Lostende, commandeur de la
Légion d'honneur, maréchal de camp commandant le
département de Saône-et-Loire. Signèrent au contrat :
le vicomte Adrien de Thoisy, oncle du futur époux ;
le baron Georges de Thoisy, le comte et la comtesse
Louis de Coligny, ses frère, beau-frère et sœur ;
MM. Abel et Georges de Soultrait, de La Perrière
et le vicomte de Matharel, oncle, frère et beaux-
frères de la future épouse ; Mme de La Perrière, la
vicomtesse de Matharel et Mlle Lucie de Soultrait ses
sœurs ; M. et Mme de Quirielle, Mlles Zélie et Clémentine de Soultrait, ses cousines germaines ; MM. Jordan
de Sury, le comte de Murard, de La Forestille de Saint-
Léger, des Bassayns de Montbrun, le comte de Ligonnès,
du Marché, de Bordes, Rolland, maire de Mâcon, de
Coppens d'Hondschotz, de Jussieu, Pellorce, Robert,
Léveillé, curé de Saint-Vincent de Mâcon ; Mmes de
Cessiat, née de Lamartine, la baronne de Lostende,
Delmas, la comtesse de Murard, de La Forestille de

Saint-Léger, la comtesse de Ligonnès, de La Garenne, de Nanc, du Marché, Siraudin et Mlles Valentine, Alphonsine et Cécile de Cessiat, Anaïs et Valentine Bonne et d'autres amis de la famille.

M. de Thoisy mourut dans le Jura, au château de Gizia, qui lui avait été donné par son oncle le vicomte Adrien de Thoisy, le 6 août 1881. Il avait eu trois garçons et une fille : Pierre, officier de marine démissionnaire, qui, marié en 1879 à Edith de La Ferrière, en a une fille ; Raymond, mort âgé de 26 ans en 1879 ; Hubert et Jeanne qui a épousé, en 1870, Fernand de Mas.

5. Auguste-Anne-Sidonie-Lucie Richard de Soultrait, née à Montbrison le 18 décembre 1835, fut tenue sur les fonts baptismaux dans l'église de Toury, le 4 octobre 1836, par son grand-oncle M. de Champs, officier de la Légion d'honneur, préfet de la Creuse, et par sa tante Mme de Soultrait, née de Champfeu.

Elle épousa, par contrat du 26 avril 1852, passé au château de Toury devant Me Valette, notaire à Lucenayles-Aix, son beau-frère le vicomte Victor de Matharel, veuf de sa sœur Ernestine, alors receveur général des finances à Digne. Le contrat eut pour témoins : MM. Abel de Soultrait, le comte Georges de Soultrait, le baron Petit de La Fosse, officier de la Légion d'honneur, commandeur de l'ordre d'Isabelle-la-Catholique d'Espagne, préfet de la Nièvre, et le comte Amaury de Béthune, prince du Saint-Empireromain, amis de la famille.

Le mariage fut bénit dans l'église de Toury le 27 avril.

La vicomtesse de Matharel mourut à Lyon le 7 février 1862 et fut inhumée à Toury, dans le tombeau de la famille, le surlendemain. Elle a laissé un fils, Jean de Matharel, né en 1859, marié en 1882 à Victoire de Montgolfier.

XVI. Jacques-Hyacinthe-Georges Richard comte de Soultrait, chevalier de la Légion d'honneur, officier de l'Instruction publique, chevalier des ordres royaux de Wasa de Suède et d'Isabelle-la-Catholique d'Espagne et de l'ordre pontifical de Saint-Grégoire-le-Grand, naquit au château de Toury-sur-Abron le 27 juin 1822 et fut baptisé, le 1er juillet suivant, dans l'église de la paroisse. Son parrain et sa marraine furent son grand-père M. de Soultrait et sa grand'mère maternelle Mme de Saint-Léger.

Après des études faites à Lyon et à Paris, Georges de Soultrait montra un goût très marqué pour l'archéologie et l'histoire, et, pendant son cours de droit à Paris, il commença à écrire dans les *Annales archéologiques* et dans le *Bulletin monumental*. L'histoire et les antiquités du Nivernais et du Bourbonnais ont surtout été l'objet de ses intelligentes investigations. Voici la liste des ouvrages qu'il a publiés sur ces deux provinces, de 1847 à 1881 : *Armorial archéologique du Nivernais* (deux éditions, la dernière, fort augmentée, parue en 1879). — *Statistique monumentale de la Nièvre. — Essai sur la numismatique nivernaise. — Guide archéologique dans Nevers. — Notice historique sur la famille de Bourgoing. — Armorial archéologique du Bourbonnais. — Essai sur la numismatique bourbonnaise. — Dictionnaire topographique du département de la Nièvre. — Répertoire archéologique du département de la Nièvre.* Ces deux derniers ouvrages, publiés par le ministère de l'Instruction publique, ont obtenu les prix d'histoire et d'archéologie aux Concours de la Sorbonne de 1862 et de 1869 (1).

M. de Soultrait a aussi annoté et publié un manuscrit de la Bibliothèque nationale, fort important pour l'histoire de sa province, l'*Inventaire des archives de Nevers*, de l'abbé de Marolles. Une *Statistique monumentale de l'arrondissement de Moulins* lui a valu une médaille d'argent de la Société de statistique de Marseille. Collaborateur du *Bulletin monumental*, du *Bulletin de la Société de Sphragistique*, de la *Revue numismatique*, des *Comptes-rendus des Congrès scientifiques*, des *Mémoires de la Sorbonne*, de la *Revue historique*, de la *Revue du Lyonnais* et de divers autres recueils, M. de Soultrait a fourni de nombreuses notes à l'*Histoire des comtes de Forez de La Mure*, importante et splendide publication de M. de Chantelauze. On lui doit encore un volume sur la collection de sceaux du Cabinet de Mme Febvre, de Mâcon, et des notices sur les jetons du Forez et sur les mereaux de plomb des archevêques de Lyon. Plusieurs de ces travaux ont obtenu des mentions *Honorables* et *Très-honorables* de l'Académie des inscriptions et belles lettres.

Deux fois lauréat des Concours de la Sorbonne et officier de l'Instruction publique, M. de Soultrait a été nommé chevalier de la Légion d'honneur, sur la proposition du Comité des travaux historiques, en août 1862 (2).

Il ne nous appartient pas de juger l'œuvre d'un contemporain ; nous nous sommes borné à énumérer les ouvrages du comte de Soultrait et les récompenses obtenues pour ses travaux, dont la série n'est sans doute pas terminée.

---

(1) *Revue des Sociétés savantes,* années 1863 et 1870.

(2) Voir aux Pièces justificatives, n° XII, la lettre du ministre de l'Instruction publique annonçant cette nomination.

M. de Soultrait, correspondant puis membre non résidant du Comité des travaux historiques (mars 1851), associé correspondant de la Société des antiquaires de France et de diverses autres Sociétés savantes, est membre titulaire des Académies de Lyon et de Besançon et de la Société des Bibliophiles français. Amateur de livres intéressants et rares, il a formé une bibliothèque considérable, dans laquelle figure la collection presque complète des ouvrages sur le Nivernais ou écrits par les auteurs de cette province. Il a réuni, avec le goût le plus intelligent, un grand nombre d'autographes, de meubles anciens, d'objets de curiosité, et une belle collection céramique, où les vieilles faïences nivernaises tiennent naturellement la première place.

A côté des importants travaux de l'homme d'étude, nous devons mettre en regard la carrière si bien remplie de l'homme public. Georges de Soultrait, maire de Toury-Lurcy de 1848 à 1862, a siégé pendant onze ans au Conseil général de la Nièvre ; il donna sa démission en 1863 (1), quelques mois après avoir été nommé receveur particulier-percepteur de l'un des arrondissements de Lyon. De 1864 à 1875, il a rempli, dans cette ville, les fonctions de directeur, puis de président de la Caisse d'épargne, d'administrateur du Dispensaire général et de membre du Conseil d'administration des Hospices.

En 1876 le comte de Soultrait, poursuivant sa carrière financière, fut appelé à la trésorerie générale du département de la Haute-Marne et, deux ans après, à celle du département du Doubs. Ce ne fut pas sans de vifs regrets que le nouveau trésorier-général quitta Lyon : ses enfants y étaient nés et y

---

(1) Voir aux Pièces justificatives, n° XIII, la lettre que M. le baron Charles Dupin adressa, au nom du Conseil général qu'il présidait, à M. de Soultrait à l'occasion de cette démission.

avaient été élevés; il y avait passé, avec sa famille, vingt-deux années, les meilleures de sa vie; il laissait dans cette ville, devenue pour lui une seconde patrie, de nombreux et chers amis; il en emportait les plus doux, les plus précieux souvenirs (1).

Le comte Georges de Soultrait a épousé, en 1850, Désirée-Louise-Julie-Anne Le Jeans, fille de Louis-François-Guillaume vicomte Le Jeans, colonel d'état-major, officier de la Légion d'honneur, chevalier de l'ordre royal et militaire de Saint-Louis, et de ceux de l'Épée de Suède et des Deux-Siciles, et. de Anne Malmenaide de Montmillant, petite-nièce et filleule de S. M. la reine de Suède Désirée Clary, femme de Bernadotte (2).

Le contrat a été passé, au château de Pomiers (Bouches-du-Rhône) le 6 septembre, devant Me Ollivier, notaire à Pellisanne, et le mariage civil fut enregistré le lendemain à l'hôtel de ville de Marseille. Le 10, la bénédiction nuptiale a été donnée dans l'église paroissiale de Saint-Symphorien de Pomiers.

Les témoins du mariage furent : le comte François de Bourgoing, chevalier de la Légion d'honneur, cousin du futur époux; le baron de Samatan, chevalier de l'ordre de Malte, cousin de la future épouse; MM. de Boniface de Fombeton et d'Aillaud de Cazeneuve, amis de la famille Le Jeans.

A l'occasion de son mariage, Georges de Soultrait fut créé comte héréditaire par S. S. le pape Pie IX (3).

(1) Le *Dictionnaire des contemporains*, de Vapereau, le *Grand Dictionnaire*, de Pierre La Rousse, la *Biographie nationale des contemporains*, etc., renferment des notices sur le comte Georges de Soultrait, mais ces articles biographiques sont fort peu complets, et nous avons cru devoir donner plus de détails sur la vie du chef actuel de la famille dont nous avons entrepris d'écrire la généalogie.

(2) Voir aux Pièces justificatives, n° XIV, l'acte de baptême de Mme de Soultrait et l'autorisation de S. M. la reine de Suède et de Norwège pour se faire remplacer à ce baptême. — V. aussi aux archives de Toury les lettres de la reine de Suède à Mme de Soultrait, sér. B, 18.

(3) Voir aux Pièces justificatives, n° XV, le Bref pontifical.

De ce mariage sont issus sept enfants.

1. Gaspard - Anne - Hyacinthe - Désiré - Procule - Roger Richard de Soultrait naquit à Lyon, à l'hôtel de la Recette générale, le 4 juillet 1855 et fut baptisé à Toury le 14 octobre de la même année ; il eut pour parrain son grand'père le comte Gaspard de Soultrait et, pour marraine, la vicomtesse Le Jeans, sa grand'mère.

   Gaspard de Soultrait, admis à l'École militaire de Saint-Cyr en 1875, en est sorti sous-lieutenant au 22e régiment de ligne d'où il a passé au 60e régiment de la même arme.

2. Roger - Adon - Hyacinthe - Désiré - Gilbert Richard de Soultrait, né à Lyon le 6 septembre 1859 et baptisé en l'église paroissiale de Saint-Martin-d'Ainay de cette ville le 10 septembre, a eu pour parrain son oncle le vicomte de Thoisy et, pour marraine, sa tante Mme de La Perrière.

3. Eudoxe-Alix-Hyacinthe-Désiré–Pierre Richard de Soultrait, né à Lyon le 12 avril 1861, fut tenu sur les fonts baptismaux de l'église d'Ainay, le 30 avril, par son oncle Eudoxe de Boniface de Fombeton et par sa tante la vicomtesse de Thoisy. Il mourut à Lyon le 5 mai suivant, et fut enterré dans la chapelle de la famille, à Toury, le 17 du même mois.

4. Charles - Adon - Hyacinthe - Désiré - Pierre Richard de Soultrait naquit à Lyon le 27 octobre 1864 et fut baptisé, le 22 novembre, dans l'église d'Ainay. Son parrain et sa marraine furent son oncle le vicomte Charles Le Jeans et sa tante Mme de La Perrière.

5. Charlotte-Esther-Hyacinthe-Désirée-Anne Richard de

Soultrait, née à l'hôtel de la Recette générale du Rhône le 19 mars 1857, fut baptisée à Saint-Martin-d'Ainay le 13 avril; elle eut pour parrain son oncle le vicomte Le Jeans et, pour marraine, sa grand'mère la comtesse de Soultrait.

6. Antoinette-Isabelle-Adona-Hyacinthe-Désirée-Marthe Richard de Soultrait naquit à la Recette générale, à Lyon, le 21 avril 1858, et fut tenue sur les fonts baptismaux de l'église d'Ainay, le 27 du même mois, par son oncle M. de La Perrière et par sa tante Mlle Le Jeans.

7. Victoire-Esther-Hyacinthe-Lucie Richard de Soultrait, née à Lyon le 13 novembre 1862 et baptisée à Saint-Martin-d'Ainay le 18 du même mois, eut pour parrain et pour marraine son oncle le vicomte de Matharel et sa grand'mère la comtesse de Soultrait.

BRANCHE DE LISLE

XI. PIERRE RICHARD, écuyer, seigneur de Lisle, troisième fils de Pierre Richard, 2me du nom, et de Charlotte du Gru du Boys, naquit le 25 novembre 1661 et fut baptisé le même jour dans l'église paroissiale de Langeron (1). Il eut pour parrain et pour marraine son frère Joseph et sa sœur Marie-Madeleine, âgés l'un de quatre ans, l'autre de dix. Nous l'avons vu, en 1681, aller dans le Comtat-Venaissin pour y recueillir un héritage, et nous avons cité une lettre écrite à son père à cette époque (2). C'est à peu près tout ce que nous savons de lui. Il épousa, vers 1695, FRANÇOISE GODIN, qui mourut en 1705, lui ayant donné deux fils; puis, par contrat passé à Nevers le 26 avril 1716, MARIE-ETIENNETTE CARPENTIER DE MACHY, fille de Etienne Carpentier, écuyer, seigneur de Mâchy et de Courtois, et de Marie de Neuchèse (3). Pierre Richard mourut le 11 juillet 1738, et fut enterré le lendemain dans l'église de Saint-Jean (4).

    1. Jean-Baptiste, qui suit.

    2. Pierre Richard, mort jeune.

XII. JEAN-BAPTISTE RICHARD, écuyer, seigneur de Lisle et de Sornay, né vers 1700, fut avocat au Parlement, puis conseiller du roi, lieutenant général en l'élection de Nevers. Il

---

(1) Extrait baptistaire aux archives de Toury, série A, 27.

(2) P. 10.

(3) Registres paroissiaux de Saint-Jean de Nevers. — Généalogie de la famille Carpentier de Changy, dans les *Archives de la noblesse* de Lainé.

(4) Reg. par. de Saint-Jean de Nevers.

épousa, le 26 janvier 1734, THÉRÈSE BERTHELOT, fille de feu Pierre Berthelot, avocat au Parlement et de Catherine Gascoing (1). Il mourut avant le 31 mai 1755, car Thérèse Berthelot est dite sa veuve dans l'acte, daté de ce jour, par lequel elle acheta, de M. de Vaux, le fief de La Jarrie, paroisse de Mars-sur-Allier (2). Elle avait eu six enfants.

1. Jeanne-Thérèse-Catherine Richard de Lisle, née le 14 septembre 1735 et baptisée le lendemain (3), eut pour parrain son grand' père Richard et pour marraine sa grand' mère maternelle. Elle épousa Antoine Andrieu, écuyer, lieutenant de cavalerie, puis maître particulier de la Maîtrise des eaux et forêts de Nivernais, dont postérité.

2. Pierre Richard de Lisle, né le 13 novembre 1736 et baptisé le lendemain, ayant eu pour parrain son grand' père paternel et pour marraine Marguerite Berthelot (4), mourut le 10 juillet 1739 (5).

3. Louise-Jeanne Richard de Lisle fut tenue sur les fonts baptismaux de l'église de Saint-Jean de Nevers, le 29 octobre 1737, par Jean-Baptiste de Villards du Chaumont, officier chez le roi, et par Louise-Augustine de La Chasseigne. Elle mourut le 9 novembre 1750 (6).

4. Jeanne Richard de Lisle fut baptisée le 21 février 1739; elle eut pour parrain Pierre Richard de Soultrait, écuyer, seigneur de Soultrait et de Toury-sur-Abron, et pour marraine Jeanne Berthelot (7).

---

(1) Registres paroissiaux de Saint-Jean de Nevers.

(2) Arch. de Toury, sér. F, 25.

(3) Reg. par. de Saint-Jean de Nevers.

(4) Mêmes registres.

(5) Reg. par. de Saint-Jean de Nevers.

(6) Reg. par. de Saint-Arigle de Nevers.

(7) Reg. paroissiaux de Saint-Jean de Nevers.

5. Louis, dont l'article suit.

6. François Richard de Lisle, écuyer, entra dans les Gardes du corps du roi ; il émigra et ses biens furent vendus révolutionnairement. Il reçut la croix de Saint-Louis et mourut à l'étranger sans avoir contracté d'alliance.

XIII. Louis Richard de Lisle, écuyer, seigneur de Lisle et de Sornay, naquit à Nevers et fut baptisé, le 8 juin 1741, dans l'église paroissiale de Saint-Jean (1). Il fut comme son père, lieutenant en l'élection de Nevers (2). Il épousa, le 11 juin 1765, Elizabeth Boizeau de Ville, fille de Pierre Charles Boizeau de Ville et de Edmée-Jeanne Mazois (3), dont il eut cinq enfants.

1. Antoine-Louis, né et baptisé le 26 juin 1766 eut pour parrain son oncle Antoine Andrieu, et pour marraine sa grand' mère maternelle Catherine-Madeleine Foulon (4).

2. Pierre-Thérèse, dont l'article suit.

3. François Richard de Lisle, écuyer, marié à Marguerite-Lucile Pouillat, mourut à Bessé, près de Saint-Calais, le 8 décembre 1815, laissant deux fils.

A. Pierre Richard de Lisle, né à Issoudun le 14 février 1808, épousa, dans cette même ville, Claudine-Pauline Desaix, fille du baron Louis-Jean Desaix, colonel de cuirassiers, officier de la Légion d'honneur, depuis maréchal de camp, commandeur de la Légion d'honneur et chevalier de Saint-Louis, et de Marie-Françoise Thabaud. Il fut maire de Neuvy-

(1) Reg. par. de Saint-Jean de Nevers.
(2) Anciens *Almanachs de la ville de Nevers.*
(3) Reg. par. de Saint-Laurent de Nevers.
(4) Mêmes registres.

Pailloux (Indre) et président du Conseil d'arrondissement d'Issoudun ; il mourut le 24 mai 1869, laissant deux fils.

    a. William-Ludovic Richard Desaix, né à Issoudun le 2 novembre 1835.

    b. Ulric Richard Desaix, né à Issoudun le 3 mars 1838, littérateur et artiste, auteur de plusieurs ouvrages. Les deux frères ont joint à leur nom celui de la famille de leur mére.

    B. Alphonse-Edouard Richard de Lisle, né en 1811, marié à Marie Paris, mort à Issoudun le 17 novembre 1865.

4. Eléonore Richard de Lisle, mariée à N. Douyet de La Vyenne, écuyer.

5. Jeanne-Thérèse Richard de Lisle épousa à Lisle, le 26 floréal an VI (15 mai 1798), Nicolas Rambourg, officier de marine, ancien directeur de la manufacture d'armes de Charleville, puis des forges royales d'Indret et fondateur des forges et fonderies de Tronçais, ingénieur distingué, qui fut le créateur de l'industrie métallurgique dans le département de l'Allier. Trois fils naquirent de cette union.

XIV. Pierre-Thérèse Richard de Lisle, écuyer, naquit à Nevers le 16 septembre 1767. Il épousa à Janzat, le 7 septembre 1794, Louise Loisel de Guillois, fille d'Antoine-Gilbert Loisel de Guillois et de Marie Delesvaux, dont un fils unique.

XV. Nicolas-Henri Richard de Lisle, né à Gannat le 6 novembre 1804, fut membre du Conseil général de l'Allier de 1852 à 1870 et chevalier de la Légion d'honneur. Il est mort au château de Belair, commune de Saint-Germain-de-Salles, près de Gannat, le 16 mai 1881. Il avait épousé, le 24 mai 1830, MARIE-NINETTE PONTHENIER, fille d'Antoine-François Ponthenier et de Marie Desboudards, il n'en a eu qu'un fils, dont l'article suit.

XVI. ANTOINE-FRANÇOIS RICHARD DE LISLE est né au château de Belair le 6 juin 1831. Il a épousé, à Saint-Pourçain, le 11 septembre 1855, ANNE-MARIE-LOUISE SOUCHON D'AUBIGNEU, fille de Jean-Louis-Claude-Amédée Souchon d'Aubigneu et d'Alix Mozac de La Monnerie, dont deux enfants.

    1. Anne-Marie-Alix Richard de Lisle, née à Saint-Pourçain le 31 octobre 1857, morte au château de Belair le 25 septembre 1873.

    2. Thérèse-Louis Richard de Lisle, né à Clermont le 12 mars 1866, mort le 6 décembre de la même année.

FAMILLES ALLIÉES

AIMINI. — *Echiqueté de sable et d'or de douze pièces, les carreaux de sable chargés de besants d'argent.* — Famille noble, originaire d'Avignon, connue depuis la fin du XIIIe siècle, qui se divisa en plusieurs branches fixées dans diverses parties de la Provence et du Comtat-Venaissin (Pithon-Curt).

ALRIC. — *De gueules, au chevron d'or, accompagné de trois croisettes de même.* — Pithon-Curt donne (t. I, p. 39) une partie de la généalogie de cette famille noble, dont le nom se trouve aussi quelquefois écrit : des Alrics. Les Alric étaient originaires du Vivarais, d'où ils vinrent à Valréas au milieu du XVe siècle. Ils s'y allièrent aux familles de La Baume-Suze, Borel, de Grignan, de Grolée, de Simiane, d'Arces, de Rostaing, etc., et ils s'éteignirent dans les premières années du XVIIIe siècle. Les armoriaux du Dauphiné ajoutent à leurs armes un *chef d'argent, chargé d'une ombre de soleil de gueules.* (Chorier, *Etat politique du Dauphiné.* — *Armorial du Dauphiné*, par A. de Rivoire).

ANDRIEU. — *D'azur, au sautoir d'or?* — Cette famille, de haute bourgeoisie, que nous croyons originaire de l'Autunois, se fixa au XVIIIe siècle en Nivernais, où plusieurs de ses membres occupèrent des fonctions dans diverses administrations de la province; elle est encore représentée à Nevers.

ANTONIO ou ANTONI. — *Armoiries inconnues* — Le capitaine Antonio ou Antoni, marié vers 1565 à Catherine Richard, était corse; il appartenait peut-être à la famille Antoni, mentionnée parmi les familles de la noblesse corse en 1771 (1).

(1) V. Le Catalogue des gentilshommes de l'île de Corse, dans la publication de MM. de La Roque et de Barthélemy. — V. aussi l'*Annuaire de la noblesse*, VIIe année.

AYMERIC. — *D'or, au chevron d'azur, accompagné d'une palme de sinople en pointe.* — On trouve de nombreux membres de cette famille, de la bonne noblesse du Comtat, dans les minutes des notaires de Valréas, depuis noble Hugonet Aymeric *al.* Emeric, fils de noble Pierre, mari d'Isabelle de Sabran et co-seigneur de Valréas en 1331, jusqu'à noble François, fils de noble Arnaud et de noble Caroline Richard, qui épousa en 1580 noble Delphine d'Urre. L'*Armorial du Dauphiné* de M. de La Bâtie donne les armes d'Astorge Aimeri ou Aymeric, évêque de Saint-Paul-Trois-Châteaux, puis archevêque de Vienne en 1480, qui appartenait peut-être à cette famille; ces armes sont : *D'or, à l'aigle éployée de sable, à la barre de même brochant sur le tout.* (Minutes des notaires Catalani, Gastoni, Balenti, Balthazard Julien, etc.)

DE BARTHELIER. — *D'azur, à trois étoiles d'or, au chef cousu de gueules chargé d'une colombe d'argent portant au bec un épi d'or.* Selon Pithon-Curt, dans son *Histoire de la noblesse du Comté-Venaissin*, Hermand Barthelier, époux de Catherine de Burgondion, vint s'établir à Lisle, au Comtat-Venaissin, où il acquit des biens. Il eut trois enfants nommés dans son testament du 3 février 1363. Hermand prit, dans ce testament, les qualités de chevalier du Saint-Empire romain et de chambellan de feu l'empereur Louis.

Cette famille, dit encore Pithon-Curt, s'est distinguée, non seulement dans les croisades d'Orient, mais encore dans celle que la noblesse Allemande fit aux Prussiens idolâtres, invitée par Conrad, duc de Warsovie, qui ne savait comment résister à ce peuple barbare et cruel. Jean Barthelier, qui conduisait plusieurs gentilshommes allemands dans cette croisade, ayant vaincu une partie de ce peuple, fit construire un château fortifié qu'il nomma Barthelier, mot qui en langue du pays, signifie barrière terrassée. « Comme les noms propres des familles n'étaient pas fixes en ces temps-là, on ignore s'il donna son nom à ce château ou si c'est de ce château que cette famille a pris le sien ». Quoiqu'il en soit de cette origine allemande et de ces prouesses de Jean Barthelier, la famille de Barthelier comptait dans la bonne noblesse de la ville de Lisle, où elle paraît s'être éteinte dans la seconde moitié du XVIIIe siècle.

DE BARTHOMIER. — *D'azur, au chevron d'or accompagné en chef de deux roses d'argent et, en pointe, d'un trèfle d'or.* — Cette famille de l'Ile de France, dont d'Hozier donne une partie de la généalogie depuis Pierre, écuyer, seigneur d'Olivet, mari d'Antoinette de Ganay, sœur du chancelier de Ganay, était divisée en plusieurs branches dont la filiation ne se trouve pas dans l'*Armorial.*

BAUCHON. — *Armoiries inconnues.* — Famille de haute bourgeoisie de Valréas, dont le nom se trouve dans les minutes des notaires de cette ville des xve et xvie siècles.

BERTHELOT. — *D'azur, au chevron d'or, accompagné de trois besants d'argent.* — Famille de la bonne bourgeoisie de Nevers, connue depuis la seconde moitié du xvie siècle. *L'Armorial général* leur donne pour armes: *De sable, mantelé de vair,* mais leur véritable blason était celui que nous avons décrit ci-dessus (1).

BOIZEAU DE VILLE. — *D'azur, à la face d'argent, chargée de trois merlettes de sable.* — Nous savons peu de chose sur cette famille, de bonne bourgeoisie du Berry, dont quelques membres habitèrent Nevers au xviiie siècle.

LE BOURGOING. — *D'azur, à la croix ancrée d'or.* — Cette famille du Nivernais, dont le nom se trouve écrit dans les anciens titres : Le Bourgoing, Bourgoing, Bourgoin et enfin de Bourgoing, se divisa, au milieu du xive siècle, en deux branches; mais, avant cette époque, on trouve mentionnés dans des chartes : *Hugo Le Bourgoing, miles, Regina mater sua et Girardus frater* qui, en 1127, vendent une rente à la chartreuse d'Apponay, en Nivernais, près de Luzy, dans le voisinage du fief de Champlévrier qui paraît avoir été le berceau de la famille ; Guy Le Bourgoing de Rochefort et Isabeau, veuve de Guyot Le Bourgoing, bienfaiteurs de la même chartreuse en 1232 et 1288 (2); enfin Hugonin Le Bourgoing de Champlévrier, damoiseau, en 1345 ; Pierre Le Bourgoing de Saint-Honoré, aussi damoiseau, et Marguerite de Rodon, sa femme, qui vivaient également au xive siècle (3). Une charte de 1372, conservée aux Archives

(1) Archives de la Nièvre et de Decize. — *Noms féodaux.*
(2) Notes autogr. du généalogiste d'Ho-
zier, aux arch. de la famille de Bourgoing.
(3) Archives de France. — Béthancourt, *Noms féodaux.*

nationales (1), mentionne Guillaume Le Bourgoin de Champlévrier et Jean son frère; or la filiation suivie et prouvée des deux branches commence par deux frères qui vivaient au xive siècle et qui portaient les mêmes prénoms que les frères de la charte de 1372. La branche issue de Guillaume posséda, outre Champlévrier, les fiefs de Folin, de Lichères et de Lucy-sur-Yonne, situés dans l'Auxerrois; elle fournit de nombreux officiers à la maison de nos rois et à celle des comtes de Nevers, et elle s'allia à de nobles familles. Le dernier de ses membres, fils d'une Montmorency de la branche de Lauresse, mourut dans les premières années du xviiie siècle ne laissant que deux filles mariées, l'une à Louis-Antoine-Bernard du Prat, marquis de Formeries; l'autre à Paul de Grivel de Grossouvre, comte d'Ourouer (2).

Cette branche de la famille portait: *D'argent, à trois tourteaux de gueules.*

La branche des seigneurs du Vernay et de Sichamps, issue de Jean, eut, comme son aînée, une origine militaire; ses archives renferment une charte de Philippe de Valois, de 1344, par laquelle ce roi fit don de cent livres de rente à Jean Le Bourgoing, chevalier, fils de Guillaume, « par « considération des bons et agreables services..... faiz en nos guerres de « Gascoigne, des frontières de Haynault et de Flandres, et en plusieurs « noz offices... »

Jean, fils du précédent, dut chercher dans les offices de robe, qui prenaient alors de l'importance, une position que le métier des armes ne pouvait plus donner, et il fut procureur du roi au bailliage de Saint-Pierre-le-Moustier, en Nivernais, et plusieurs fois élu échevin de Nevers de 1411 à 1423 (3); son fils Guillaume, aussi échevin de Nevers, occupa la charge de lieutenant-général au bailliage de Saint-Pierre qui se transmit à ses descendants pendant plus d'un siècle.

En même temps, divers personnages de la famille remplissaient des fonctions plus importantes dans la magistrature : ils étaient conseillers au parlement de Paris, au grand Conseil et à la Cour des aides ; ils possédaient des abbayes et des dignités ecclésiastiques.

Guillaume Le Bourgoing, 5e du nom, après avoir été, comme ses pères,

---

(1) Béthancourt, *Noms féodaux.*
(2) *Hist. des grands officiers de la couronne.*
(3) *Archives de Nevers.*

lieutenant général à Saint-Pierre-le-Moustier et avoir travaillé à la rédaction de la Coutume du Nivernois (1), devint, en 1522, conseiller au Parlement de Paris. Il épousa Philippe Le Clerc du Tremblay, d'une famille parlementaire marquante, qui le rendit père d'une fort nombreuse lignée. Plusieurs de ses fils formèrent des branches répandues dans le Nivernais et dans les provinces voisines, dont les rejetons occupèrent des positions variées.

Parmi les descendants de Guillaume et de Philippe Le Clerc du Tremblay, il faut remarquer François Le Bourgoing, appelé le Père Bourgoing, supérieur général de l'Oratoire, qui ajouta au renom de la famille par ses vertus, par le talent dont il fit preuve pendant son généralat et par ses ouvrages. En 1662, Bossuet prononça son oraison funèbre.

Jean Le Bourgoing, 3e du nom, écuyer, seigneur de La Douhée et de Chaillant, petit-fils du conseiller Guillaume, cousin germain du P. Bourgoing, eut trois fils. De l'aîné, Henri, sont descendus des gentilshommes qui, revenant aux premières traditions de leur race, quittèrent la robe pour l'épée ; cette branche, la seule existante, était représentée au moment de la révolution par Jean-François de Bourgoing, major du régiment du duc d'Angoulême, chevalier de Saint-Louis, ministre plénipotentiaire du roi auprès des princes et États du cercle de la Basse-Saxe, seigneur de Charly, et par François-Philippe de Bourgoing de La Baume, chevalier, capitaine d'infanterie, chevalier de Saint-Lazare de Jérusalem et de Notre-Dame du Mont-Carmel.

Le premier, créé baron de l'Empire, eut, de Marie-Benoîte-Joséphine de Prévost de La Croix, plus tard surintendante de la Maison-Royale de Saint-Denis, la maréchale duchesse de Tarente et trois fils, qui embrassèrent la carrière militaire. L'un d'eux, entré dans la diplomatie sous la Restauration, fut pair de France, ambassadeur, puis sénateur sous le second Empire. Les trois frères ont eu des fils qui, comme leurs pères, servirent dignement leur pays dans l'armée et dans les carrières civiles, et qui ont eux-mêmes des enfants. Le chef de la famille, qui vient de mourir, le comte François de Bourgoing avait été ambassadeur à Rome et à Constantinople, il a laissé deux fils.

(1) Voir les procès-verbaux de la rédaction de cette Coutume et l'*Histoire du Nivernois* de Guy Coquille.

Le petit-fils de M. de Bourgoing de La Baume, le baron Philippe, a été écuyer de l'empereur Napoléon III et député de la Nièvre ; son fils Pierre est officier de cavalerie.

François Le Bourgoing, second fils de Jean, fut maintenu dans la possession de sa noblesse par des arrêts de la Cour des aides de 1681 à 1682 ; il était seigneur de Sichamps et fût échevin de Nevers en 1690. Il laissa plusieurs enfants qui moururent sans postérité.

Claude Le Bourgoing, le plus jeune frère d'Henri, auteur de la branche actuellement existante, fut père de trois fils : deux n'eurent point d'enfants ; du troisième naquirent deux filles, dont l'une fut la femme de Pierre Richard de Soultrait. Cette dernière fut représentée par son fils à l'assemblée de la noblesse du Nivernais de 1789, où figurèrent ses cousins Jean-François et François-Philippe.

De Bousquet. — *De gueules, au lion d'or, armé de sable, à la bordure denchée d'or.* — Le *Nobiliaire de Provence* de l'abbé Robert de Briançon donne les armes de cette famille, qu'il dit originaire de Barcelone en Arragon et venue en Provence au xve siècle. Quoi qu'il en soit du plus ou moins de probabilité de semblable origine, les minutes des notaires de Valréas, qui renferment de nombreux actes concernant les de Bousquet, permettent d'établir d'une façon certaine leur généalogie depuis noble Robert de Bousquet, né à Orange, qui fut adopté et amené à Valréas, en 1420, par le notaire Hugues Gay, marié à Guillemette Giraud d'Ayguebelle, veuve du père de Robert. On sait que la profession de notaire était compatible avec la noblesse dans le Comtat-Venaissin (1) ; Robert de Bousquet, qui était noble, put donc, sans déroger, succéder à son père adoptif dans ses fonctions. Il épousa sa parente, Peyronne Giraud d'Ayguebelle, qui lui donna plusieurs enfants dont l'aîné, Jacques, qualifié noble, damoiseau et co-seigneur de Novezan en 1487 (2), marié à Catherine de Puyagot, fut le grand-père d'Emeric, seigneur du Buisson, capitaine de soixante Chevau-Légers, et l'auteur de la branche des seigneurs du Buisson,

---

(1) « Le notariat ne dérogeait pas dans « le Comtat : les notaires nobles se qua- « lifiaient *nobles* à l'exclusion des autres « qualifiés seulement *discretus vir* ou *hono-* « *rabilis vir.* » (Pithon-Curt, t. IV, p. 491. Cf. L'*Armorial du Dauphiné*, de G. de Rivoire de La Bâtie, art. Chevalier.

(2) Minutes du notaire Sabateri.

de Saint-Vincent et de Malval, alliée aux familles de La Tour-du-Pin-Gouvernet, de Marandon et de Pérone, qui s'éteignit vers 1700 dans la famille de Valavoire.

Noble Arnaud, frère du co-seigneur de Novezan, fut notaire à Valréas, de même que son fils Jean, père de la femme de François Richard. Cette branche, restée à Valréas, contracta des alliances avec les familles nobles de la ville et s'éteignit à la fin du XVIe siècle (Minutes des notaires de Valréas Fabre, Julien, Cobeoli, Sabateri, de Bousquet, de La Pierre, Prévost, etc. — Robert de Briançon, l'*Etat de la Provence*).

BRAC DE LA PERRIÈRE. — *D'argent, à trois bandes d'azur.* — Famille de la haute bourgeoisie de la ville de Beaujeu, connue depuis Louis Brac, qui ne vivait plus à l'époque du mariage de son fils Robert avec Laurence d'Aigueperse en 1594. François-Pierre-Suzanne Brac, seigneur de La Perrière, avocat au Parlement, descendant au septième degré de Louis, fut anobli par l'exercice de l'échevinage de Lyon en 1736 et 1737. La famille est divisée en deux branches : celle de La Perrière de Bourdonnel et celle de La Perrière, toutes deux représentées par de nombreux rejetons.

CARPENTIER DE CHANGY. — *D'azur, à l'étoile d'or, accompagnée de trois croissants d'argent.* — Les *Archives de la noblesse de France* de Lainé (1) rattachent cette famille, et cela d'après des Lettres de maintenue, à une famille Carpentier de Flandre. Les Carpentier sont connus en Nivernais depuis Colinet Carpentier, écuyer, marié en 1463 à Jeanneton de Savigny, de Decize. Deux des arrière-petits-fils de Colinet formèrent deux branches ; celle dite de Changy, à laquelle appartenait le rameau de Mâchy, dont était la femme de Pierre Richard de Lisle, fut représentée à l'assemblée de la noblesse du Nivernais de 1789 par François Carpentier de Changy, écuyer, chevalier de Saint-Louis, seigneur des Pavillons et de Vanzé, et par Jean-Louis-Claude-François Carpentier de La Thuillerie, écuyer, seigneur de La Brosse. Le comte Eugène Carpentier de Changy, arrière-petit-fils de François, marié en Belgique, et ses enfants sont les seuls représentants actuels de cette famille, dont la généalogie détaillée se trouve dans l'ouvrage de Lainé cité plus haut.

(1) Tome XI.

CHAMBAUD. — *D'argent, à la fasce d'azur, chargée de trois étoiles d'or, surmontée d'un chevron alaisé d'azur, accompagné de trois casques de gueules posés de profil, et accompagnée en pointe d'un lévrier courant d'azur, colleté de gueules.* — Cette famille était l'une des plus anciennes de la noblesse de Valréas. Les minutes des notaires de cette ville font connaître beaucoup de ses membres depuis le milieu du XIVe siècle jusqu'aux premières années du XVIIe. A cette époque les Chambaud, ayant embrassé les erreurs de la Réforme, durent quitter le Comtat; après la révocation de l'édit de Nantes, ils se réfugièrent en Prusse où, selon Pithon-Curt, ils étaient encore représentés au XVIIIe siècle.

Noble Raymond Chambaud, qui testa en 1391, et son frère noble Guillaume sont les premiers auteurs connus de leur famille, qui s'allia aux familles Boutin de Val, de Lausane, d'Alauzier de Serre, de Montbrun, Ferrier, des Orts, de Ray, etc. Dragonnette Chambaud, veuve d'Henri Balenti, laissa, par son testament du 12 mai 1445, la somme nécessaire pour la construction du cloître du couvent des Frères-Mineurs de Valréas, encore en partie conservé. Le dernier membre de cette famille dont nous trouvons le nom en France est Marie de Chambaud, dame de Bavas, Saint-Quentin et Saint-Vincent, fille de Louis et de Martine de Ginestoux de La Tourette, qui épousa, en 1669, Jean de Monteil, co-seigneur de Boncieu (1).

DE CHAMPFEU. — *D'azur, au sautoir d'or, cantonné de quatre couronnes à l'antique de même.* — La famille de Champfeu, de bonne noblesse du Bourbonnais, est connue depuis Charles de Champfeu, écuyer, seigneur de La Motte, qui avait pour femme, à la fin du XVe siècle, Judith de Balorre; son fils unique, Jean, marié à Françoise Le Long, fut père de Georges et de Jean.

Du premier est issue la branche des seigneurs du Riage, de Breuille, de Villette, de Rimbaudière, etc., qui s'allia aux familles d'Aubigny, de Chabannes, de Montmorin, Chartier, Josian de Grandval, Antheaume, etc. et qui s'éteignit dans la seconde moitié du XVIIIe siècle.

Jean de Champfeu fut l'auteur de la branche actuellement existante de la famille, dont la position fut plus considérable que celle de la branche

(1) Pithon-Curt.

aînée, par les fonctions que remplirent ses membres et par les importantes seigneuries qu'ils possédèrent.

Jean, fils de Jean Ier et de Perronnelle Palierne, fut conseiller du roi, trésorier de France en la généralité de Moulins en 1597; il était baron de Breuille et seigneur de La Fin-Fourchaud, de Saint-Martin-des-Laids et des Garennes. Ses descendants s'allièrent aux familles de La Barre, de Reugny du Tremblay, de Coeffier, Beraud, Billard, Le Gendre, Dorat, Tourrault, Vernoy de Montjournal, Joly du Bouchaud, Rodier et Beraud des Rondards. Ils possédèrent, outre les terres nommées ci-dessus, les seigneuries du Tillour, de La Grange-Cadier, de Laly et de La Brosse-Givreuil.

Bernard de Champfeu fut maintenu comme noble par ordonnance de l'intendant de la généralité de Moulins de 1698, et son fils Jacques fit, en 1736, les preuves de noblesse nécessaires pour être pourvu de l'office de conseiller du roi, chevalier d'honneur au bailliage et siège présidial de Moulins.

Pierre-Jacques de Champfeu, descendant au huitième degré de Charles, reçut le titre de comte par ordonnance royale de 1820. Il laissa une fille, Mme Abel de Soultrait, et un fils, le comte Jules, qui eut cinq enfants d'Albertine Beraud des Rondards : le comte Pierre, mort en 1880 sans alliance, le vicomte Léon, lieutenant de vaisseau, la comtesse de Faudoas, la vicomtesse d'Orgères et Mme de La Jolivette (1).

DE CHAMPS. — *D'azur, à cinq plantes de mandragore d'argent mal ordonnées, au franc canton d'hermine.* — La filiation de cette famille, d'ancienne noblesse militaire du Nivernais, est suivie et prouvée depuis Guillaume de Champs, écuyer, seigneur de Champs, dans la châtellenie de Montreuillon, qui vivait à la fin du XIVe siècle (2).

Du XVe siècle au XVIIe, les de Champs possédèrent les seigneuries de Champs, de Pesselières, de Bussy, de Champcourt, de Saint-Léger-de-

---

(1) Archives de la famille de Champfeu. — Archives de l'Allier. — *Noms féodaux.* — *Tableau chronologique de messieurs les présidents-trésoriers de France..... de la généralité de Moulins.* — *Armorial du Bourbonnais,* etc.

(2) Preuves pour la maintenue de noblesse. — Généalogie au Cabinet des titres de la Bibliothèque nationale. — *Inventaire des titres de Nevers,* publié par le comte de Soultrait, col. 172, 132 et 250.

Fougeret, de Salorge, etc. et s'allièrent aux familles d'Aurouer, d'Aulnay, de Bussy, de Champdiou, de Bourgoing, de Nourry, de Blanchefort, appartenant à la meilleure noblesse du Nivernais.

François de Champs, écuyer, seigneur de Saint-Léger, des Prés et de Salorge, descendant au huitième degré de Guillaume, laissa trois fils qui formèrent les branches dites de Saint-Léger, du Creuset et de Salorge.

La première fut représentée à l'assemblée de la noblesse de 1789 par François-Marie de Champs de Saint-Léger, écuyer, seigneur de Saint-Léger, etc., dont les petits-fils ont relevé le nom de la maison de Bréchard, du chef de leur mère, dernière descendante de cette famille.

A la branche du Creuset appartenait Amable-Charles, qualifié chevalier, seigneur du Creuset, de Champs, de La Boube et de Mont dans le cahier de la noblesse du Nivernais, beau-père de Mme Auguste de Champs, née Richard de Soultrait.

La troisième branche dite de Salorge, est représentée par M. de Champs de Salorge, officier de la Légion d'honneur, ingénieur de la marine.

Les de Champs, maintenus comme d'ancienne noblesse à la fin du XVIIe siècle, ont en outre fait des preuves pour la maison de Saint-Cyr et pour les pages du roi (1).

DE CHAUSSIN D'URLY. — *D'azur, à la fasce d'or, accompagnée de trois roses d'argent rangées en chef, et de trois glands d'or en pointe, deux et un.* — Famille de Bourgogne sur laquelle nous avons peu de documents (2).

CHAUVIN. — *Armoiries inconnues.* — Nous ne savons rien sur cette famille, à laquelle appartenait peut-être Jean-Baptiste Chauvin, qui fit enregistrer les armoiries suivantes à l'armorial de 1699 (3): *De gueules, au chevron d'or, accompagné en chef de deux lions affrontés de même, soutenant un cœur d'argent, et en pointe de la lettre C d'or.*

DALMAS. — *D'azur, au chevron d'or, accompagné de trois étoiles de même.* — Pithon-Curt donne les armes de cette famille, dont les membres sont

---

(1) Preuves au Cabinet des titres de la Bibliothèque nationale.
(2) Armorial général. — Archives de la famille de Moncorps.
(3) Provence, 317.

qualifiés nobles, dès le xive siècle, dans l'*Histoire de la noblesse du Comtat-Venaissin* et dans les minutes des notaires de Valréas. Le nom de Dalmas ou Delmas est fort commun dans les provinces du midi de la France ; nous ne savons s'il serait possible de rattacher à la famille de la femme de Raymond Richard, l'un des nombreux Delmas inscrits dans l'Armorial général (Provence et Dauphiné).

DESAIX ou mieux DES AIX. — *D'argent, à la bande de gueules, chargée de trois coquilles d'or.* — Cette famille, illustrée par le général Desaix tué à Marengo, appartient à l'ancienne noblesse d'Auvergne. Elle fut maintenue comme noble par arrêt du conseil d'État de 1672, sur preuves remontant à Jean des Aix vivant en 1509.

Louis-Jean, baron Desaix, maréchal de camp, commandeur de la Légion d'honneur et chevalier de Saint-Louis, neveu du célèbre général, mourut en 1845, laissant un fils et une fille, Mme Richard.

Nous avons donné ci-dessus les armes anciennes de la famille des Aix, mais Napoléon Ier, en accordant le titre de baron aux frères du général, fit régler ainsi leurs armoiries : *Écartelé : au 1 d'argent, à la bande de gueules, chargée de trois coquilles d'or ; au 2, de gueules, à l'épée haute d'argent ; au 3, d'argent, au lion de gueules, et au 4, d'azur, à trois pyramides d'or, terrassées de même* (1).

DEYDIER ou DIDIER. — *D'azur, au chevron d'or, accompagné en chef de deux losanges d'argent et, en pointe, d'un cerf courant de même* (Armorial général, Provence). — Un personnage de cette famille était, en 1398, official forain de l'évêque de Vaison à Valréas, où les minutes des anciens notaires nous ont conservé les noms de plusieurs Deydier qui appartenaient à la noblesse du pays. Nous n'attribuons que sous toutes réserves aux Deydier de Valréas les armoiries décrites ci-dessus.

DOLLET. — *D'azur, au sautoir d'or.* — Famille de haute bourgeoisie originaire de Decize, en Nivernais, où vivaient, au milieu du xvie siècle, Gilbert et Guyot Dollet (2). Elle vint s'établir vers 1600 à Nevers, et nous

---

(1) Bouillet, *Nobiliaire d'Auvergne.* — *Armorial de l'Empire.*

(2) Archives de Decize et de la Nièvre. — Armorial général.

trouvons, en 1656,Claude Dollet, écuyer, seigneur de La Motte-Palluau, gendarme de la garde du roi, et Louis Dollet, receveur des domaines communaux de la ville en 1672. A peu près vers le même temps vivaient : Nicolas Dollet, conseiller au bailliage de Nevers, et François Dollet de Solière, avocat au Parlement, marié en 1661 avec Marguerite Brisson, qui le rendit père de Louis-Marie, chanoine, archidiacre, puis doyen du chapitre de Nevers, mort en 1756, de Nicolas, marié à Françoise Prisye, et enfin de Claude Dollet, seigneur de Chassenet ou mieux Chassenay, bisaïeul de François-Clément, mari d'Antoinette-Françoise Richard de Soultrait, dont Armand mort, dernier de son nom, sans avoir été marié.

Jacques Dollet, dit l'abbé de Varennes, fils de Nicolas, était en 1750 et 1773 prieur de Sainte-Valière, grand archidiacre et vicaire général du diocèse de Nevers.

DOUYET DE LA VYENNE. — *Armoiries inconnues*. — Nous ne savons rien de cette famille qui était du Bourbonnais.

FOURNIER. — *D'argent, à trois bandes de gueules, chargées chacune d'une étoile d'or, et un chef d'azur, chargé d'un lion issant d'or, adextré d'une étoile de même.* — L'*Histoire de la noblesse du Comtat-Venaissin* de Pithon-Curt donne (1) une généalogie peu complète de cette famille de la noblesse comtadine, venue du Dauphiné suivant Guy Allard (2), depuis noble Girard Fournier, chevalier, qui fut, en 1327, l'une des cautions d'un traité entre Guigues VIII, dauphin de Viennois, et le sire de Beaujeu. La femme de Guillaume Richard était la sœur de François Fournier, descendant au sixième degré de Girard, qui, marié à Marguerite de Lamiers, fille du seigneur de Montarnaud, vivant dans le second quart du XVIᵉ siècle, eut trois fils, auteurs des branches encore représentées dans le Comtat et en Provence au milieu du XVIIIᵉ siècle ; une autre branche, issue d'Elzéar, frère de François, habitait Digne à la même époque. Ces quatre branches jouissaient alors d'une bonne position dans la noblesse de ces provinces, où elles avaient contracté des alliances avec les meilleures familles. Nous ne savons si les Fournier sont encore représentés (Minutes des notaires de Valréas. — Pithon-Curt).

(1) T. IV, p. 434. | (2) *Nobiliaire du Dauphiné*, 1671.

GALAIX. — *D'azur, au coq d'argent, becqué barbé, crêté et membré de gueules, posé sur une terrasse de sinople.* — Famille de robe qui occupa des offices au bailliage de Saint-Pierre-le-Moustier pendant les XVIe et XVIIe siècles. Elle s'éteignit dans la famille Tenon (1).

GIRAUD D'AYGUEBELLE. — *De sable, au porc-épic d'or.* — Cette famille noble eut une grande position à Valréas aux XIVe, XVe et XVIe siècles, à en juger par les nombreux actes concernant ses membres insérés dans les minutes des notaires de ces trois siècles. Son nom se trouve écrit dans l'origine Giraud d'Ayguebelle ou Giraud dit d'Ayguebelle. Comme il y eut au XIIIe siècle, dans les environs de Valréas, une famille d'Ayguebelle, il est probable que les Giraud en avaient hérité et avaient joint son nom au leur. Polie Richard, femme de noble Pierre Giraud d'Ayguebelle, fils d'Antoine et petit-fils de Guillaume, qui vivait en 1342, eut trois filles : Borione, Marguerite et Peyrone, qui épousèrent, au milieu du XVe siècle, noble Alberic de Rue, noble Guillaume de Ripert et noble Raymond de Bousquet (2). Nous pensons que les Giraud du parlement de Dauphiné descendaient de ceux de Valréas.

GODIN. — *De Sinople, à deux pals cannelés d'or, chargés de rameaux de laurier d'azur, grainés de gueules.* — Famille d'ancienne bourgeoisie nivernaise, anoblie par l'exercice de charges de trésorier de France de la généralité de Moulins. Claude Godin, seigneur de Mussy, et Edme Godin firent enregistrer les armes singulières décrites ci-dessus dans l'Armorial général de 1697 (Archives de la Nièvre et de l'Allier). — *Tableau chronologique de MM. les Présidents, Trésoriers de France, Généraux des finances..... de la généralité de Moulins.* Moulins, E. Vidalin, (1788).

DU GRU DU BOIS. — *D'argent, à la grue de sable, becquée et membrée d'or.* — Famille du Berry, connue depuis le XVe siècle, dont le dernier rejeton fut la femme de Pierre Richard (3).

GUYOT ou GUYOTIN. — *D'azur, à la bande d'or, chargée de trois croisettes*

---

(1) Archives de Nevers et de Saint-Pierre-le-Moustier.— Armorial de la généralité de Moulins.

(2) Minutes du notaire Fabre.
(3) Archives du Cher et du château de Toury.

de sable. — Famille de robe d'Avignon, dont les derniers membres vivaient à Valréas au xvie siècle (Armorial manuscrit du Comtat).

LAUGIER. — *D'argent, au lion de gueules.* — « Cette famille, dit Pithon-
« Curt (1), est fort bonne, quoique peu connue aujourd'hui dans le
« comtat. Guillaume Laugier, de la ville de Lisle, fut un des seigneurs
« provençaux qui souscrivirent le traité de paix entre Alphonse, roi
« d'Arragon et Raymond, comte de Toulouse, sur ses droits aux comtés
« de Provence, Millaud, Gévaudan et Carladaz en 1176 ». Pithon-Curt
mentionne encore divers gentilshommes de cette famille qui vivaient aux
xiiie et xive siècles.

L'abbé Robert de Briançon (*Etat de la Provence dans sa noblesse*) donne
les mêmes détails sur l'origine des Laugier et parle de la branche provençale, sans rien dire des branches de cette famille qui habitèrent le Comtat.
La femme de noble Jean Richard appartenait à la branche de Pernes.

LE JEANS. — *Coupé d'argent et d'azur : l'argent, à la fasce de gueules,
accompagnée en chef de deux roses d'azur et, en pointe, d'un croissant de gueules ;
l'azur, au lion rampant d'or, armé, lampassé et couronné d'argent, tenant dans
sa patte dextre une épée en pal aussi d'argent, accosté à dextre d'un rocher d'or,
mouvant du flanc dextre, sommé d'une tour d'argent maçonnée de sable.* — On
trouve le nom de cette famille, originaire de la petite ville de Lançon en
Provence, écrit tantôt Jeans, tantôt Joannis et de Joannis, enfin Le Jeans.
Sa filiation, suivie et prouvée par titres (2), remonte à Jacques Jeans, qui
avait pour femme, en 1530, Jeanne de Casanova. Le petit-fils de Jacques,
nommé Guillaume, eut, de Marguerite La Vastre, cinq enfants dont deux
fils, Pierre et Jean, tiges des deux branches; Pierre continua à posséder
la terre de Pomiers, dans la paroisse de Saint-Symphorien, près de
Lançon, qui, depuis les premières années du xvie siècle, appartenait à sa
famille, et épousa en 1648 Marie de Casanova, sa parente, fille d'Antoine
de Casanova, ou de Casenove, écuyer, et de Marguerite de Burlé. Il en
eut plusieurs filles et un fils, Jean-Louis, marié en 1697, à Marseille, à
Thérèse Roumieu, fille de feu noble Joseph Roumieu et de Thérèse

(1) T. IV, p. 82.   près de Lançon (Bouches-du-Rhône).
(2) Aux archives du château de Pomiers,

Boudet. De Jean-Louis naquirent cinq garçons, dont Guillaume, qui continua la descendance, et Lazare, garde du corps du roi, puis brigadier dans la compagnie de Villeroy et chevalier de Saint-Louis, qui ne se maria pas.

Guillaume, qui le premier adopta le nom de Le Jeans, s'établit à Marseille, où il se livra à un grand commerce maritime. Nommé assesseur de la ville, c'est-à-dire échevin ou consul, il joua un grand rôle dans son administration municipale, au nom de laquelle il entra en lutte avec l'intendant de Provence, qui le fit exiler dans sa terre de Pomiers, dont il rebâtit alors le château.

De cette résidence, il continuait à gérer ses importantes affaires d'armateur et à s'occuper des intérêts de son administration municipale. Les archives de Pomiers renferment les minutes de toutes ses correspondances, qui sont du plus grand intérêt.

Guillaume avait épousé, en 1730, Marie-Blanche Rostan, qui lui donna deux filles et trois fils. L'aîné, Honoré-Pascal, mourut sans avoir été marié. Le second, Louis-Honoré, fut député de Marseille à la première Assemblée législative et à l'Assemblée constituante ; il épousa Jeanne Clary et il mourut sans postérité, à Aix, le 4 mars 1794. Sa veuve se remaria avec le baron de Pluvinal.

Le dernier des trois frères, Guillaume-Lazare né en 1738, épousa en 1781 Marie-Thérèse-Catherine Clary, fille de Nicolas Clary et de Marie-Gabrielle Fléchon, sœur de Bernardine-Eugénie-Désirée et de Marie-Julie qui, mariées au général Bernadotte et à Joseph Bonaparte, devinrent reines de Suède et d'Espagne. Guillaume-Lazare, qui avait continué le commerce maritime de son père, fut emprisonné pendant la Terreur, puis appelé au Sénat lors de la formation de ce corps. Il mourut en 1803, ayant eu trois enfants. Sa fille aînée, Honorée-Lazare-Thérèse née en 1782, mariée au général comte Mathieu de La Redorte, pair de France sous la Restauration, a eu un fils, qui a été ambassadeur, pair de France, puis député aux diverses Assemblées législatives, et qui a épousé sa cousine, fille du maréchal Suchet, duc d'Albuféra, dont plusieurs enfants.

La seconde fille du sénateur Le Jeans, Marie-Caroline, née en 1789, a épousé le comte Louis-Marie-Clément de Ris, pair de France sous la Restauration, fils du sénateur, dont elle n'a point eu d'enfants.

Enfin Louis-Guillaume-François, seul fils de Guillaume-Lazare, entré

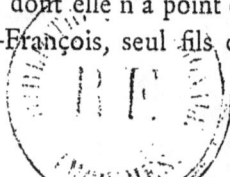

13

au service en 1803, à l'âge de dix-neuf ans, fut aide-de-camp de ses oncles les rois de Suède et d'Espagne et du roi Murat, et ne cessa de faire campagne de 1803 à 1815. Colonel en 1812, il fut chef d'état-major d'une des divisions d'infanterie de la Grande armée, puis d'une division de cavalerie à l'armée du nord en 1815. Mis en non activité à la Restauration, à cause de sa parenté avec les Bonaparte, il reçut toutefois peu après, avec la croix de Saint-Louis et le titre de vicomte, l'offre du grade de maréchal de camp, mais il ne voulut pas reprendre de service et il mourut en 1840. Il était officier de la Légion d'honneur et décoré des ordres de l'Épée de Suède et des Deux-Siciles.

Le vicomte Le Jeans neveu, par sa mère, des reines de Suède et d'Espagne, était cousin germain du roi Oscar de Suède, de la princesse Zenaïde de Canino, de la princesse Charlotte Bonaparte, belle-fille du roi Louis de Hollande, du général baron de Saint-Joseph, de la maréchale duchesse d'Albuféra, de l'amirale duchesse de Crès, des comtes, du vicomte et du baron Clary, de la princesse de Wagram, de la comtesse de Tascher de La Pagerie et de la baronne Le Jeune. Il a épousé Anne-Malmenaide de Montmillant, dont un fils, le vicomte Charles Le Jeans, et deux filles : la comtesse de Soultrait et Mme de Boniface de Fombeton.

La branche cadette de la famille Le Jeans, issue de Jean, second fils de Guillaume, s'est éteinte au siècle dernier.

Les armes primitives de la famille ne portaient que la fasce accompagnée des roses et du croissant, elles sont ainsi décrites dans l'armorial général de 1699 et on les voit, accolées à celles des Rostan, sculptées en plusieurs endroits du château de Pomiers. Le vicomte Le Jeans joignit à son blason paternel celui de sa grand-mère, et ses armoiries furent réglées, sous la Restauration, telles qu'elles sont décrites en tête de cet article.

LOISEL. — *D'azur, au chevron d'or, chargé d'une tour de gueules, surmonté d'un soleil du second émail et accompagné, en chef, de deux merlettes affrontées, aussi d'or, et, en pointe, d'un lys au naturel feuillé d'or.* — Famille de la haute et ancienne bourgeoisie du Bourbonnais, anoblie sous la Restauration (1).

DE MAGNAT *al.* MAGNATI. — *D'azur, à trois pommes de pin d'or.* —

(1) Archives de l'Allier.

Famille noble du Comtat-Venaissin, dont Pithon-Curt (1) donne les armoiries et mentionne un certain nombre de membres.

MALAVIELLE. — *Armoiries inconnues*. — Famille de la haute bourgeoisie de Valréas, à laquelle appartenait Étienne Malavielle, official de l'évêque de Vaison en 1537 (Minutes des notaires de Valréas).

DE MATHAREL. — *D'azur, à la croix d'or, accompagnée de trois étoiles de même, une en chef et deux aux flancs, coupé de gueules, chargé de trois losanges d'or en fasce, moitié sur l'azur, moitié sur le gueules*. — Le *Dictionnaire de la noblesse* renferme une longue généalogie de cette famille, originaire de Ravenne, établie en Auvergne au XIVᵉ siècle, dont la filiation suivie commence à Armand de Matharel, seigneur du Chéry près d'Issoire, marié en 1385 à Alissante de Cisternes. Étienne, petit fils d'Armand, écuyer, seigneur de Lasteyras et du Mas, eut deux fils, Antoine et Jean. Le premier fut l'auteur des branches auvergnates des seigneurs de Lasteyras, des Écharpies et du Chéry, et des seigneurs de La Marthe, éteints vers 1780. Damien de Matharel du Chéry figura à l'assemblée de la noblesse d'Auvergne de 1789, il eut, de Huguette de Fay de La Tour-Maubourg, Jean-Baptiste, aïeul de MM. de Matharel actuellement vivants.

Jean de Matharel, écuyer, seigneur des Granges, donna naissance à deux branches dont l'aînée, toute militaire, habita Paris, puis se fixa en Normandie, où elle posséda les seigneuries de Cesny-aux-Vignes, de Montreuil, de Saint-Ouen, etc. Marie-Joseph, chevalier, marquis de Matharel, gouverneur de Honfleur, de Pont-l'Évêque et du pays d'Auge, issu au septième degré de Jean, épousa en 1752 l'héritière de la maison de Fiennes, dont son fils, Auguste-Joseph-Félicité, prit le nom et les armes par substitution ; ce dernier eut, de Gabrielle de Lambertye, un fils, né en 1777, qui mourut sans postérité. Le rameau cadet de cette dernière branche, dit des seigneurs de Joux, s'éteignit, avant la fin du XVIIᵉ siècle, dans la famille de Miremont.

DE MAURAIGE. — *Échiqueté d'or et de sable*. Al. *D'argent, au chevron de sable, accompagné de trois roses de gueules, tigées et feuillées de sable* (Armorial général de Flandre, Hainaut et Cambresis). — On voit dans la chapelle

(1) T. I, p. 392.

sépulcrale des princes de Ligne, à Bellæil près de Condé, la tombe de Marie de Mauraige, femme de Jehan, dit le Buffle, bâtard de Ligne, mort en 1411. Jean de Mauraige, écuyer, originaire de Maubeuge, bailli de la terre d'Avesnes en 1500, fut le premier auteur connu de cette famille, dans laquelle la charge de lieutenant général au bailliage d'Avesnes fut héréditaire à partir de la fin du XVIᵉ siècle; dans la dernière moitié du XVIIIᵉ, ses membres quittèrent la robe pour l'épée.

MUGUET. — *D'azur, au chevron d'or, accompagné, en chef, de deux branches de muguet, et, en pointe, d'une colombe, tenant dans son bec une branche de muguet, le tout d'argent* (Armorial général de 1699).—Famille de la bonne bourgeoisie de Paris sur laquelle nous n'avons pas de renseignements.

OUTREQUIN DE SAINT-LÉGER.— *D'argent, à cinq loutres de sable, 2, 2 et 1.* — Les Lettres de noblesse de cette famille, originaire de Hollande, prouvent qu'elle était ancienne en Normandie, mais il ne nous a pas été possible de remonter la filiation plus haut que Pierre Outrequin, directeur général des plans et embellissements de la ville de Paris sous le règne de Louis XV, anobli par ce prince en 1761 et décoré de l'ordre de Saint-Michel.

Voici le texte des Lettres de noblesse (1).

« Louis, par la grâce de Dieu roi de France et de Navarre à tous pré-
« sents et à venir salut. Entre les différentes grâces auxquelles un sujet
« peut aspirer par son mérite, il n'en est point de plus précieuse que celle
« qui, l'élevant à la noblesse, assure à tous ses descendants le fruit du
« bienfait dont leur auteur s'est rendu digne; aussi, dans les principes
« que nous nous sommes imposés pour la distribution des grâces, nous
« avons toujours réservé celle de l'annoblissement pour être la récom-
« pense ou des services importants rendus à l'État ou de talents distin-
« gués auxquels la patrie est redevable de découvertes dont l'utilité est
« reconnue.

« C'est par des talents de cette espèce que notre cher et bien-aimé le
« sieur PIERRE OUTREQUIN s'est rendu recommandable à nos yeux par les

---

(1) Aux archives nationales, sect. admi- | comptes, nᵒ 13581. — Expédition aux
nistrative, registre de la Chambre des | archives de Toury, sér. C.

« différents projets et plans qu'il nous a proposés tendant à l'embellisse-
« ment de la capitale de notre royaume, qui lui ont mérité de la part du
« corps de notre bonne ville de Paris le titre de directeur général de tous
« les projets relatifs à l'agrandissement, commodité et décoration de notre
« capitale et à tout ce qui peut concourir à l'avantage des citoyens à quoi
« il s'est livré dès sa plus tendre jeunesse, et dont le zèle, les soins infa-
« tigables et l'application ont été suivis des succès les plus propres à lui
« mériter une marque signalée de notre bienveillance. Occupé seulement
« de l'avantage qui devait résulter de ses différents projets dont la réus-
« site fait l'agrément des citoyens et l'admiration des étrangers, son
« désintéressement ne pouvait lui laisser désirer des récompenses que
« celles qui sont uniquement honorifiques et la pureté de ses sentiments
« nous a paru d'autant plus digne de recevoir un prix de cette espèce que
« nous avons d'ailleurs été informé qu'il sort d'une famille de Normandie
« depuis longtemps honorée et distinguée dans cette province.

« A ces causes et autres à ce nous mouvant, de notre grâce spéciale,
« pleine puissance et autorité royale, nous avons, par ces présentes signées
« de notre main, anobli et anoblissons ledit sieur PIERRE OUTREQUIN,
« et du titre et qualité de noble et gentilhomme décoré et décorons ;
« voulons et nous plaît qu'il soit tenu censé et réputé pour tel ensemble
« ses enfants et postérité tant mâles que femelles, nés et à naître en légi-
« time mariage, tant et ainsi que s'ils étaient issus de noble et ancienne
« race, et que ledit sieur Outrequin et sa postérité soient en tous lieux,
« tant en jugement que hors de jugement, sensés et réputés nobles et
« gentilshommes, et que, comme tels, ils puissent prendre la qualité
« d'écuyer et parvenir au degré de chevalier et à tous autres réservés à
« notre noblesse, jouir et user de tous les honneurs, privilèges, préémi-
« nences, franchises et exemptions dont jouissent les autres nobles de
« notre royaume ; comme aussi qu'il puisse acquérir, tenir et posséder
« toutes sortes de fiefs, terres et seigneuries de quelque nature et qualité
« qu'ils soient; et en outre lui avons permis, et à ses enfants et postérité,
« de porter les armoiries timbrées telles qu'elles seront réglées et blason-
« nées par le sieur d'Hozier, juge d'armes de France, et ainsi qu'elles
« seront peintes et figurées dans les présentes,... sous le contre scel
« desquelles l'acte de règlement dudit sieur d'Hozier sera attaché, avec

« pouvoir et faculté de les faire peindre, graver et insculpter en tels
« endroits de leurs maisons, terres et seigneuries que bon leur semblera.
« Sans que pour raison du présent anoblissement ledit sieur Outrequin
« et ses descendants soient tenus de nous payer, ni à nos successeurs
« Rois, aucune finance ni indemnité, dont, à quelque somme qu'elle
« puisse monter, nous leur avons fait et faisons don par ces présentes ; à
« la charge toutefois de vivre noblement et sans déroger à ladite qualité.

« Donnons en mandement à nos amés et féaux conseillers les gens
« tenant notre chambre des comptes à Paris et ceux des aides, présidents
« et trésoriers de France et généraux de nos finances dudit lieu, et à tous
« autres nos officiers et justiciers qu'il appartiendra, que ces présentes
« ils ayent à faire enregistrer ; et du contenu en icelles jouir et user ledit
« sieur Outrequin, ensemble ses enfants et postérité, mâles et femelles
« nés et à naître en légitime mariage, pleinement, paisiblement et perpé-
« tuellement, cessant et faisant cesser tous troubles et empêchements
« quelconques nonobstant tous édits, déclarations, règlements, ordon-
« nances, arrêts, lettres et autres choses à ce contraire, et auxquels
« des dérogatoires y contenus nous avons expressément dérogé et
« dérogeons par ces présentes pour ce regard seulement et sans tirer
« à conséquence, car tel est notre plaisir.

« Et afin que ce soit chose ferme et stable à toujours, nous avons fait
« mettre notre scel à ces présentes. »

« Donné à Versailles, au moys de may, l'an de grâce mil sept cent
« soixante et un, et de notre règne le quarante sixième. »

Signé : « Louis » et, sur le reply, « par le Roy : Phelypeaux » ; à côté
visa : Louis. Scellé du grand sceau de cire verte en lacs de soye rouge et
verte ; et, sur ledit reply, est écrit : « Expédiées et enregistrées à la
« chambre des comptes du Roy nostre sire au registre des chartres de
« ce temps. Ouï le procureur général du roy et information ».

Pierre Outrequin épousa Marie-Louise-Victoire Le Guay, d'une famille
de Paris, dont il eut deux fils : Jean et Jean-Baptiste-Augustin, ce dernier
forma la branche de Montarcy, encore représentée. Claude-Jean-Louis
Outrequin, conseiller secrétaire du roi et greffier en chef garde des
archives de la Cour des aides, qui figura à l'Assemblée de la noblesse de
Paris de 1789 (2e section, Le Marais), fut marié deux fois : en 1763,

à Marie-Agnès-Adélaïde Binet, fille de Claude Binet, écuyer, et d'Anne Roger; puis à Marie-Louise Harwood. Il mourut en 1799 ayant eu, du premier lit, une fille, Mme de Carouge, et quatre fils : Louis Outrequin, chevau-léger de la garde du roi Louis XVI en 1787 ; Antoine-Paul-Louis Outrequin de La Martinière et Denis Outrequin de Montesson, morts sans enfants ; enfin Alexandre-Philippe-Prosper Outrequin de Saint-Léger, qui épousa, en 1792, Hyacinthe de La Rivière du Prédauge, fille du marquis de La Rivière et d'Hyacinthe de Courcy, de deux familles chevaleresques de la province de Normandie, (1) dont deux filles : Adona, comtesse de Vougny de Boquestant, et Hyacinthe-Esther, née au château de Magny-le-Freule en 1795, mariée au comte Gaspard de Soultrait.

M. de Saint-Léger fut, sous l'Empire, receveur général des provinces illyriennes, puis des départements des Pyrénées-Orientales et de la Loire sous la Restauration ; il est mort à Montbrison en 1832.

Du second mariage de Jean Outrequin naquit une fille, Louise Victoire, qui épousa Charles-Louis de Maupas, d'une ancienne famille de Champagne représentée, avant la Révolution, à la Cour des comptes. Elle eut trois fils et une fille. Cette dernière, mariée à l'un de ses cousins du même nom, fut la mère de Charles de Maupas, ministre et sénateur sous le second Empire, grand'croix de la Légion d'honneur, etc., dont deux filles : Mmes Edouard de Fontenay et Antoine de Tavernost.

L'aîné des fils est mort receveur particulier des finances, laissant un fils, Maurice, officier d'infanterie, et une fille, la comtesse de Saint-Brice ; le second ne s'est point marié ; le troisième, Paul, officier de la Légion d'honneur, ancien maître des requêtes au Conseil d'état, a eu deux filles, dont l'une est mariée à M. de Saint-Laumer.

PEYRAUD. — *Armoiries inconnues.* — Nous ne connaissons cette famille du Comtat que par quelques mentions dans les actes des notaires de Valréas.

PINET. — *D'azur, à trois pommes de pin d'or.* — Cette famille est originaire de la petite ville de Saint-Saulge en Nivernais ; elle appartenait

(1) Cf. les nobiliaires de Normandie.

à la haute bourgeoisie au xvi⁰ siècle. Jean Pinet vint, vers 1600, habiter Nevers, où il épousa Florence Moquot, d'une famille distinguée de cette ville. Ses descendants possédèrent les seigneuries de Mantelet, de Tabourneau, des Perrins, de Tronsin, de Montigny-sur-Canne, de Chouy, des Ecots, de Champrobert, du Deffend, des Ulmes, de La Tanche, etc., et s'allièrent aux familles Perude, Pernin, Prisye, Ferrand, de Cotignon, de Chaugy, Berthelot, Godin, Ollivier, Couet de Verville, de Toytot, de Nourry, etc. Jean Pinet, seigneur de Tabourneau, lieutenant particulier au bailliage et pairie de Nevers, marié en 1693 à Marie-Magdeleine de Cotignon, fut père de Claude-Charles, seigneur des Perrins, d'abord lieutenant particulier au bailliage et pairie de Nevers, puis conseiller à la Cour des comptes de Dôle, et de Claude-Françoise, femme de Jean-Charles Richard de Soultrait. M. Louis Pinet des Ecots, représentant actuel de sa famille, marié à sa cousine Mˡˡᵉ de Nourry, dont il a des enfants, est l'arrière-petit-fils du conseiller; il habite son château des Ecots, aux environs de Decize (1).

De Pons. — *De gueules, au rencontre de taureau d'or.* — Pithon-Curt donne une généalogie incomplète de cette famille noble, originaire de Bolène, dans le Comtat, où elle forma plusieurs branches. Isabelle et Marguerite de Pons épousèrent, en 1390 et 1400, Raymond de Piolenc et Bernard de La Baume. Pierre qui, en 1435, fut l'un des témoins du mariage de Guillaume de Piolenc avec Isabelle Clari, célébré à Bolène, paraît avoir été l'auteur de la famille dont le nobiliaire du Comtat ne continue pas la descendance à partir des premières années du xviiⁱᵉ siècle.

Ponthenier. — *Armoiries inconnues.* — Famille de bonne bourgeoisie du Bourbonnais; Joseph Ponthenier, bourgeois de Cusset, possédait, en 1717 et 1725, les fiefs des Carrés et de Davayat, en la châtellenie de Billy (*Noms féodaux*).

De Potier. — *D'azur, à la fasce d'or, accompagnée en chef de trois étoiles d'argent et, en pointe, d'un croissant de même.* — Cette famille est originaire d'Auxonne, au xviiⁱᵉ siècle, elle jouissait d'une position considérable. Deux frères, François et Claude, nés de Claude Potier, qui vivaient à la fin de ce

(1) V. sur cette famille l'*Armorial du Nivernais* et la *Revue historique nobiliaire,* | t. V, p. 548.

siècle, furent les auteurs des deux branches. Le premier, anobli par une charge de secrétaire du roi, eut pour fils François Potier, écuyer, seigneur de Raynans et de Grandisans, qui devint commissaire général de la marine; ses descendants furent presque tous officiers. Cette branche, fixée à Versaillles puis à Nancy, était encore représentée dans les premières années du xixᵉ siècle.

Claude Potier, second fils de Claude, premier du nom, fut agrégé à la noblesse par l'exercice de la charge de trésorier payeur des gages de la Chambre des comptes d'Aix, dans laquelle il eut pour successeur son fils aîné, qui mourut sans alliance; de son fils cadet Jean-François, mousquetaire puis commissaire des guerres, naquit Jean-Jacques, officier d'infanterie, commissaire des guerres et chevalier de Sᵗ Louis qui, marié à Marie de Baillivy, d'une fort ancienne famille noble de Lorraine, en eut cinq fils, tous militaires. L'aîné Pierre-Jacques, né à Metz en 1780, devint, après une carrière militaire fort brillante, maréchal de camp en 1815; il était en outre gentilhomme de la Chambre du roi, chevalier de Sᵗ Louis, commandeur de la Légion d'honneur et chevalier de l'ordre de Sᵗ Ferdinand d'Espagne. Il avait été fait comte par le roi Louis XVIII.

Le comte de Potier a eu quatre fils dont l'aîné, filleul de LL. AA. RR. Monsieur, frère du roi, et Mᵐᵉ la duchesse de Berry, est général de division; le second a été tenu sur les fonts baptismaux par S. M. le roi Louis XVIII et par S. A. R. Mᵐᵉ la duchesse d'Angoulême; le troisième, marié à Zélie Richard de Soultrait, est trésorier général des finances; le quatrième est mort jeune; ils ont une sœur, la baronne Ritter.

DE PRÉVOST DE LA CROIX. — *Ecartelé : aux 1 et 4 d'argent, à trois hures de sanglier de sable,* qui est de Prévost; *et, aux 2 et 3, de gueules, à deux clefs d'argent adossées et passées en sautoir,* qui est de Clermont-Tonnerre.— Les archives de Bourgogne, à Dijon, renferment les Preuves que fit, en 1763, messire Gaspard-Antoine de Prévost de La Croix, chevalier, seigneur de Préjailly, chevalier de Sᵗ Louis, pour avoir entrée en la Chambre de messieurs de la noblesse aux Etats de Bourgogne.

Il résulte des pièces produites pour ces Preuves, que la famille de Prévost, de Bourgogne, était une branche de celle du même nom de la noblesse du Poitou, connue sous le nom de Prévost de La Boutetière.

Jean Prévost, écuyer, seigneur du Pont, de Lavau, de La Boutetière, mari de Louise des Houlières, qui vivait dans la seconde moitié du xvᵉ siècle, eut deux fils : Thomas, seigneur de Bodes et de La Boutetière, auteur de la branche aînée restée en Poitou, et Antoine, écuyer, seigneur de La Croix, qui eut pour fils Jean, écuyer, seigneur de La Croix, capitaine d'infanterie, marié en 1597, à Jacquette Petit, d'une famille de Bourgogne. Il se fixa dans cette province où son fils Germain, homme d'armes des ordonnances du roi, contracta alliance avec Claude Fabry, fille de Lazare et de Marguerite Espiard, à Mont-Saint-Jean en 1627. Claude Prévost, écuyer, seigneur de Sonnotte et de Préjailly aux environs de Dijon, fut maintenu dans son état de noble d'ancienne race par jugement de l'intendant de Bourgogne de 1715. Il contracta une illustre alliance, épousant, en 1717, Françoise-Virginie de Clermont-Tonnerre, fille de Charles-Henri de Clermont-Tonnerre, baron de Dannemoine, et de Marie Joubert. Le baron de Dannemoine était l'arrière-petit-fils d'Henri, duc de Clermont-Tonnerre, et de Diane de La Mark, petite-fille elle-même de Louis de Brézé, comte de Maulévrier, et de Diane de Poitiers. Louis de Brézé était fils de Jacques, comte de Maulévrier, maréchal et grand sénéchal de Normandie, et de Charlotte, légitimée de France, fille du roi Charles VII et d'Agnès Sorel. Mᵐᵉ de Prévost eut pour fils le comte Gaspard de Prévost de La Croix, père de la femme de Jean-Jacques-Benoît Richard de Soultrait et de mesdames la comtesse de Bourgoing, la comtesse de Tamnay et de Champs, et de Jean-Alexandre de Prévost, marquis de La Croix, qui fut le dernier de son nom, n'ayant point eu d'enfants de Louise-Françoise-Thérèse Viel de Lunas d'Espeuilles.

La branche de Clermont-Tonnerre-Dannemoine s'étant éteinte en la personne du comte de Dannemoine, frère de François-Virginie, le comte de Prévost, fils de cette dernière, écartela son blason de celui de sa mère, et la famille de Prévost s'étant éteinte à son tour, ses descendants par les femmes tinrent à rappeler dans leur blason un souvenir de l'illustre alliance de leur bisaïeul; c'est ainsi que le lion, cimier des armes des Richard de Soultrait, est figuré tenant une clef d'argent.

RAMBOURG. — *Parti : au 1, d'argent, au lion de sable, coupé de sinople à trois paniers d'or (1) ; et, au 2, de sinople, à une source d'eau d'argent, enceinte d'un demi-mur de même, maçonné de sable, au chef d'or, chargé de trois étoiles d'azur.* — Le *Nobiliaire universel* de M. de Magny rattache cette famille aux Rambourg de Picardie, qui portaient : *D'argent, à trois fasces d'azur,* dont une branche se serait établie à Sedan à la fin du XVIe siècle. Nicolas Rambourg, issu de cette branche, né à Givonne en 1751, fut officier de marine, puis directeur de la manufacture d'armes de Charleville et des forges royales d'Indret. Il vint, en 1782, fonder les importantes forges et fonderies de Tronçais ; il fut le créateur de l'industrie métallurgique dans le département de l'Allier. Marié à Adélaïde Richard de Lisle, il en eut trois fils, Paul, Louis et Charles, qui suivirent la carrière dans laquelle leur père avait marqué et qui, à leur tour, se sont fait un nom dans les annales de l'industrie. L'aîné, conseiller général puis député de l'Allier, marié à Laure de Monicault, a laissé une fille, Mme Lebrun de Sessevalle, et un fils, père lui-même de deux enfants.

RIPERT OU DE RIPERT. — *De gueules, à une fleur de lys d'or al. d'argent, et une fasce d'azur brochant sur le tout (2). Al. De gueules, à une fleur de lys d'or et une fasce d'azur, chargée d'un soleil d'or et d'un croissant d'argent (3).* — L'ouvrage de Pithon-Curt sur la noblesse du Comtat-Venaissin mentionne (t. III, p. 58) un membre de cette famille qui aurait pris part à la première croisade. L'*Armorial de Dauphiné*, de M. de Rivoire, conteste l'existence de ce personnage, tout en reconnaissant que les Ripert sont connus depuis le XIIe siècle. La Chesnaye-des-Bois & l'*Annuaire de la noblesse*, de Borel d'Hauterive (année 1864) se sont fort étendus sur la généalogie de cette famille qui se divisa en plusieurs branches, plus ou moins marquantes, répandues dans la Provence, le Comtat-Venaissin et le Dauphiné. Le mari de Jeanne Richard appartenait à la branche de Devès, existante à Vaison. D'autres branches de la famille sont encore représentées.

---

(1) Dans l'*Armorial général de 1697*, où sont indiquées les armes de François Rambourg, procureur du roi au présidial de Sedan, les meubles héraldiques de cette partie de l'écusson ne sont pas décrits ; nous avons dû nous reporter aux volumes de l'*Armorial* dans lesquels les armoiries sont figurées, et il nous a semblé voir trois paniers d'or au deuxième coupé du premier parti.

(2) *Dictionnaire de la noblesse.*

(3) Nobiliaires du Comtat-Venaissin et de la Provence.

ROCOFFORT. — *D'azur, au château à deux tours girouettées d'argent, sur un mont de huit pointes d'or.* — Famille provençale fixée au commencement du XVIIᵉ siècle à Lyon, où elle fut anoblie par l'échevinage. Jean-Gabriel Rocoffort, écuyer, mari de Sophie de La Rouvière, figura à l'assemblée de la noblesse de Lyon de 1787; il commanda l'un des bataillons qui défendirent héroïquement cette ville, en 1793, contre les troupes de la Convention. Son fils Augustin-Jean épousa Henriette de Belloy, petite-nièce du cardinal archevêque de Paris, dont deux fils, fixés à Lyon et en Nivernais (1).

DE ROSSET OU DE ROUSSET (*de Rosseto*). — *D'azur, à la fasce d'argent, chargée de trois roses de gueules. Al. D'azur, au lion d'or, armé et lampassé de gueules.* — Famille noble, originaire de Provence, dont une branche habita le Comtat-Venaissin. Peut-être cette famille pourrait-elle être rattachée à la famille Dauphinoise de Rosset ou du Rousset, qui portait pour armes : *De gueules, à la croix cléchée d'argent* (2).

ROUX al. DU ROUX ou RUFFI. — *D'argent, à l'ours passant de sable surmonté de deux étoiles rangées de gueules* (3). *Al. D'azur, à l'ours passant d'or, surmonté de deux étoiles de même* (4). — Famille originaire de Corps, en Dauphiné, dont une branche habita la Provence et le Comtat-Venaissin.

SALLONNIER. — *D'azur, à la salamandre d'or, lampassée de gueules, dans des flammes de même.* — La famille Sallonnier a joui d'une haute position en Nivernais du XVIᵉ siècle au XVIIIᵉ; elle y a possédé un grand nombre de seigneuries importantes et elle a fourni au pays des hommes distingués à divers titres. Nous citerons en particulier Guillaume qui, au XVIᵉ siècle, rendit de grands services au Morvand, en aidant puissamment, par sa fortune et par son industrie, au développement de l'exploitation des bois, principale richesse de la partie montagneuse du Nivernais.

Bien que des notices généalogiques et des documents manuscrits attribuent aux Sallonnier une origine provençale, les faisant descendre d'un

(1) V. de Valous. *Les origines des familles consulaires de la ville de Lyon.* — Steyert. *Armorial du Lyonnais, Forez et Beaujolais.* — *Cahier de la noblesse de Lyon en 1789.*

(2) *L'état de la Provence dans sa noblesse.* — Minutes des notaires de Valréas. — Pithon-Curt. — *Armorial du Dauphiné.*

(3) *L'état de la Provence dans sa noblesse.*

(4) *Armorial du Dauphiné.*

Jean Sallonnier venu de Salon en 1402; il paraît impossible de faire remonter authentiquement leur généalogie plus haut qu'Hérard, qui vivait aux environs de Château-Chinon de 1479 à 1525, père de Guillaume qui fit la fortune de sa famille.

Nous ne pouvons donner ici même l'abrégé de l'histoire généalogique de cette famille qui, vers 1700, comptait environ soixante dix membres, tous bien posés et bien alliés, répartis entre plusieurs branches (1); disons seulement que Guillaume, seigneur d'Argoulois, de Montsauche, du Pontot et de Corvol-Dambernard, eut trois fils dont les deux aînés, Hérard et Jean, furent les auteurs de deux branches qui se divisèrent en nombreux rameaux.

La descendance d'Hérard existait encore au moment de la Révolution; elle fut représentée à l'assemblée de la noblesse du Nivernais de 1789 par : Philibert-François Sallonnier de La Mothe, écuyer, lieutenant des maréchaux de France; François Sallonnier de Montviel, chevalier, seigneur de Chapeau; Paul-François Sallonnier, écuyer, seigneur de Mont et de Chaligny; et demoiselle Claude-Geneviève Sallonnier d'Avrilly, dame de La Brosse.

De la branche issue de Jean, sortirent trois rameaux : Guillaume forma celui des seigneurs de Nyon, éteint au xviiie siècle, auquel appartenait la femme de Joseph Richard de Soultrait, petite fille de ce Guillaume qui, maître des Comptes, procureur général des eaux et forêts du duché de Nivernais, puis député de la province aux Etats généraux de 1614, fut un des hommes marquants de sa famille (2).

De Jacques vint le rameau des seigneurs de La Garde, dont la dernière héritière épousa, vers 1700, Jean de La Tour de Rochefort d'Ailly, comte de Saint-Vidal.

Enfin Jean, seigneur du Perron, auteur du troisième rameau, eut de nombreux descendants. Ce rameau n'était plus représenté, dans les dernières années du xviiie siècle, que par la femme du comte Paul de Chabannes.

SIMON DE QUIRIELLE. — *D'argent, à six mains versées de gueules, posées 3,*

(1) Voir sur cette famille un long article dans la *Revue historique nobiliaire*, t. XVII, p. 301.

(2) Archives du château de Nyon.

2 et 1. — Cette famille paraît être originaire du Donjon (Allier), où elle jouissait d'une position importante au xvıᵉ siècle; les registres des insinuations de la sénéchaussée de Bourbonnais (1) renferment la mention des contrats de mariage de plusieurs de ses membres qui s'allièrent, aux xvıᵉ et xvııᵉ siècles, aux familles Cimetière, des Gallois, de Mars, Jolly, Bardet, etc., appartenant à la noblesse ou à la haute bourgeoisie du pays. Les Simon possédèrent les seigneuries de Quirielle, de Lessart, de Saint-Sornin, de Chambonnet, etc., et fournirent plusieurs officiers au bureau des finances de la généralité de Moulins. La famille fut représentée à l'assemblée de la noblesse du Bourbonnais de 1789 par MM.-Simon de Lessart et Simon de Quirielle. Les petits-fils de ce dernier habitent le Bourbonnais et le Forez : l'aîné, Xavier, chevalier de la Légion d'honneur, ancien sous-préfet, s'est fixé à La Palisse; le second, Louis, à Montaiguet; le troisième, marié à Mᵉˡˡᵉ Jacquemont, a été maire de Montbrison (Loire); il habite cette ville et le château de Say, en Forez. MM. de Quirielle ont une sœur, Mᵐᵉ la baronne Girod de Montfalcon (2).

SOUCHON D'AUBIGNEU. — *Écartelé : aux 1 et 4 de gueules, au lion d'or, au chef cousu d'azur, chargé d'une rose d'argent entre deux étoiles d'or ; et, aux 2 et 3, d'azur, à l'arbre d'or, au chef cousu de gueules chargé de trois roses d'argent.* Quelquefois l'arbre des 2ᵉ et 3ᵉ quartiers est accosté de deux roses et surmonté d'une fasce haussée, chargée de trois roses (3). — Famille originaire de Chorges (Hautes-Alpes), où elle était connue depuis les premières années du xvıᵉ siècle (4). Artefeuil, dans son *Nobiliaire de Provence*, donne la généalogie de la branche provençale, qui portait pour armes seulement le lion et le chef chargé des étoiles et de la rose. La branche des seigneurs du Chevalard et d'Aubigneu vint, vers le milieu du xvıᵉ siècle, en Forez, où son premier auteur, noble André Souchon, fils de Claude et d'Anne de Long, acquit près de Boen la seigneurie de Sizerieu. Les descendants d'André sont divisés en deux branches : celles des seigneurs du

(1) *Inventaire sommaire des archives du département de l'Allier.*

(2) *Tableau généalogique historique de la noblesse*, par le comte de Waroquier. — *Tableau chronologique de messieurs les présidents trésoriers de France..... de la généralité de Moulins. — Armorial du Bourbonnais. — Cahier de la noblesse du Bourbonnais.*

(3) Gras, *Armorial du Forez.*

(4) *Armorial du Dauphiné.*

Chevalard et celle des seigneurs d'Aubigneu, qui habitent le Forez et le Bourbonnais.

TENON. — *Écartelé : aux 1 et 4 de sable, à la fasce d'or, et, aux 2 et 3, de sable, à deux lions léopardés d'or.* — Une généalogie des Tenon, imprimée à la suite de celle de la famille nivernaise de Challudet, les fait descendre d'un chancelier de Hugues IV, duc de Bourgogne au XIIIᵉ siècle. Cette origine est tout à fait dénuée de preuves ; mais, sans remonter aussi haut, la famille Tenon avait pour premier auteur bien authentique Jean Tenon qui fut, en 1405, l'un des premiers conseillers de la Chambre des comptes de Nevers et qui devint receveur-général du comté. Les descendants de Jean occupèrent d'importantes fonctions dans la magistrature nivernaise et s'allièrent aux meilleures familles de leur province ; ils s'éteignirent dans les premières années du XVIIIᵉ siècle (1).

TESTON. — *Armoiries inconnues.* — Familles du Vivarais, sur laquelle nous n'avons pas de renseignements.

DE THOISY. — *D'azur, à trois glands d'or.* — Cette famille, selon Courtépée (2), remonte à Jean de Thoisy qui, partant pour la Croisade (il ne dit pas laquelle), céda à l'évêque d'Autun partie de sa terre de Thoisy-la-Berchère. Gérard de Thoisy vendit à l'évêque d'Autun, Hugues d'Arcy, tout ce qu'il possédait à Thoisy en 1240 (3). La filiation des Thoisy n'est régulièrement établie, disent MM. Beaune et d'Arbaumont (4), que depuis Regnault, receveur des bailliages d'Autun et de Montcenis en 1399, père d'Henri, qui assista au parlement de Beaune en 1402. Geoffroy figura à celui de Dôle en 1412 ; Jean fut évêque d'Auxerre et de Tournay en 1403, puis chancelier du duc Philippe-le-Bon en 1419 ; Laurent, était gruyer de Bourgogne en 1413 ; Geoffroy, frère de Jean, nommé capitaine des *naves* du duc en 1444, conduisit la flotte de Bourgogne contre les Turcs qui attaquaient Rhodes, il était bailli d'Auxois en 1462 et fut envoyé en ambassade à Rome en 1464 ; son fils Hugues, écuyer d'écurie de Philippe-le-Bon, bailli d'Autun et de Montcenis en 1452 puis d'Auxois en

(1) V. une note sur cette famille dans la *Revue historique nobiliaire*, t. VI, p. 64.

(2) *Description du duché de Bourgogne,* 2ᵉ éd., t. IV, p. 151.

(3) *Gallia Christiana*, t. IV, col. 407.

(4) *La noblesse aux états de Bourgogne.*

1468, fut ambassadeur du duc à Rome, en Sicile et à Florence de 1457 à 1462; Jacques, seigneur de Varennes, était amiral de Bourgogne en 1467.

Cette famille, maintenue comme d'ancienne noblesse en 1668, 1669, 1698 et 1699, est représentée par le baron Georges de Thoisy, qui a deux fils de Laure Dugon, et par les fils du vicomte Roger de Thoisy et d'Alix Richard de Soultrait.

TORTON ou TOURTON. — *Armoiries inconnues.* — Nous n'avons d'autres documents sur cette famille que les mentions de divers de ses membres dans les minutes des notaires de Valréas.

DE VAUX. — *D'azur, au chevron d'argent, accompagné de trois étoiles d'or, au chef d'argent, chargé d'une étoile de gueules.* — Dès le milieu du XIIIe siècle, Hugues de Vaux, seigneur de Germancy, remplissait l'office de capitaine-châtelain de Decize, en Nivernais, qui se transmit dans sa descendance jusqu'à la fin du XVIe (1).

Divisée en plusieurs branches pendant quatre siècles, cette famille n'était plus représentée, en 1700, que par Claude de Vaux, écuyer, seigneur de Germancy, président de la Chambre des comptes de Nevers, qui laissa, d'Agathe de Bèze, deux fils: Benoît-Marie, écuyer, seigneur de Germancy, qui fut président de la Chambre des comptes de Nevers après son père, et Jean, écuyer, seigneur de Fleury-sur-Loire. L'aîné n'eut pas d'enfants; Jean, marié à Jeanne de Bèze, de la même famille que sa mère, mais d'une autre branche, n'en eut que trois filles : Agathe, Marie-Benoîte et Jeanne-Joséphine qui recueillirent les biens assez considérables de leur famille. Agathe épousa Gaspard-Antoine, comte de Prévost de La Croix, fils de Claude et de Françoise-Virginie de Clermont-Tonnerre. Marie-Benoîte, dite Mlle de Fleury, épousa Charles Richard de Soultrait; enfin Jeanne-Joséphine, dite Mlle de La Bussière, eut pour mari Louis de Sarrazin, comte de Sarrazin-Laval, marquis des Portes, et mourut sans postérité.

Trois écussons aux armes des de Vaux, seules et parties de celles des familles de Baudreuil et de Challemoux, se voient sur un rétable en pierre du XVIe siècle, conservé dans l'église paroissiale de Decize, représentant

(1) Archives de la Nièvre et de la ville de Decize. — *Inventaire des titres de Nevers* | *de l'abbé de Marolles*, publié par le comte de Soultrait.

en cinq tableaux, finement sculptés, des scènes de la vie de la Vierge. Le donateur, Jean de Vaux, seigneur de Germancy, capitaine châtelain de Decize, et Marie de Baudreuil, sa femme, figurent sur ce rétable (1).

VERNET. — *Armoiries inconnues.* — Il y avait à Avignon, à Sorgues et à Carpentras, des Vernet ou Verneti, toujours qualifiés nobles, dont le descendant, M. le marquis de Vernety, habite les environs de Blois. Nous pensons que le troisième mari de Catherine Richard appartenait à cette famille.

VYAU DE BAUDREUILLE DE FONTENAY. — *D'azur, à une porte de ville ouverte, flanquée de deux tours d'argent, et en supportant une troisième de même, maçonnée de sable, celle-ci sommée d'un lion issant d'or, armé et lampassé de gueules, tenant de sa patte dextre, une demi-pique d'or, armée de sable et houppée de gueules.* — Le premier auteur connu de cette famille, Jean Vyau, seigneur de Lisle, habitait Saint-Pierre-le-Moustier, où il mourut dans les premières années du XVIe siècle. Ses descendants occupèrent les premiers offices du bailliage et du siège présidial de Saint-Pierre, et, à partir de 1600 environ jusqu'à la Révolution, le nom de cette famille se trouve constamment mêlé à l'histoire du chef-lieu judiciaire du Nivernais (2).

A la fin du XVIIIe siècle, les Vyau se divisèrent en deux branches : celle de La Garde, naguère représentée par Ludovic, ancien capitaine d'artillerie, colonel d'un régiment territorial, chevalier de la Légion d'honneur, qui a laissé cinq enfants de Marie de Terrier de Santans; et celle de Baudreuille de Fontenay, à laquelle appartiennent : Edouard, marié à Ernestine Maublanc de Chiseuil, et Henry, marié à Marguerite de Maupas, petit-fils de Claude et d'Agathe Richard de Soultrait.

(1) *Revue historique nobiliaire.* — *Répertoire archéologique de la Nièvre,* par le comte de Soultrait, col. 130.

(2) Archives de la Nièvre, de Decize et de Saint-Pierre-le-Moustier. — Armorial de la généralité de Moulins.

PIÈCES JUSTIFICATIVES (1)

I

Contrat de mariage de noble Raymond Richard. — 1349 (2).

In Christi nomine amen. Anno incarnationis Domini millesimo tricentesimo quadragesimo nono, indictione secunda, die vicesima octava mensis julii, pontificatus sanctissimi in Christo patris et domini nostri domini, divina providentia, pape Sexti anno octavo. Cum tractaretur de matrimonio contrahendo inter nobilem *Raymondum Richardi*, de Valriaco, filium nobilis *Raymondi Richardi*, de Valriaco, quondam de Balmis, Tricastinensis diocesis, ex una parte ; et *Catharinam*, filiam quondam nobilis *Guillelmi Dalmacii*, de Valriaco, ex parte altera, per amicos communes..... Hinc est quod nobilis Richardus bona fide promisit et super sancta evangelia juravit.....

(Arch. de Valréas).

(1) Nous prévenons nos lecteurs que les textes qui suivent étant reproduits exactement tels qu'ils sont dans les originaux, nous nous abstenons de mettre *sic* après les incorrections qui peuvent se rencontrer dans ces textes.

(2) Le commencement de cet acte est seul entièrement conservé ; la feuille de parchemin sur laquelle il est écrit sert de couverture à un registre et la plus grande partie ne se voit plus.

II

Testament de noble Arnaud Richard. — 1511 (1).

Anno a nativitate Domini millesimo quingentesimo undecimo et die vicesima secunda mensis januarii, constitutus personaliter nobilis vir *Arnaudus Richardi*, de Valriaco, Vasionensis diocesis, sanus mente et intellectu, per Dei

(1) Nous donnons ce testament *in extenso* comme type des actes de ce genre dont nous citons un certain nombre.

gratiam ac in sua sacra, recta et valida existens memoria, ac bono et valido sensu et judicio rationis, licet corpore suo debilis prætextu senectutis suæ; considerans et attendens nil esse morte certius, nilque incertius hora ejusdem quoque, propter primi parentis delictum, suum ultimum condidit testamentum nuncupativum et suam ultimam voluntatem nuncupativam in hiis scriptis reductis in hunc qui sequitur modum infra scriptum.

Et 1° dictus Arnaudus Richardi testator, muniendo se signo venerabilis et sanctæ crucis † sic dicendo : In nomine Patris et Filii et Spiritus Sancti, amen. Cum anima sit dignior corpore, igitur suam animam altissimo creatori qui eam creavit, et ejus proprio sanguine redemit, totique collegio omnium superiorum recommandavitque tandem suam animam dum fuerit a suo corpore separatam in gratiam paradisi cum beatis collocare dignaretur.

Cœterum, quia omne corpus catholicum traddi debet ecclesiasticæ sepulturæ, suo propterea corpore elegit sepulturam, dum ejus anima fuerit a suo corpore separata, videlicet in ecclesia conventus Fratrum Minorum Val-riaci, ante altare beati Francisci, in tumulo suorum prædecessorum.

Et accepit de bonis sibi a Deo collatis, pro anima sua, suorumque parentium et amicorum, inferius distribuendis locis et personis descriptis.

Et 1° voluit dictus testator..... et convocari omnes dominos præsbyteros, tam seculares quam regulares, trium ecclesiarum, scilicet ecclesiæ Nostræ-Dominæ-de-Nazareth, parochialis, Sancti-Antonii et Fratrum Minorum, et alios dominos presbyteros de Valreaco, tantum vicarium earum, tribus crucibus in dicta sua sepultura qui teneantur dicere et celebrare missas Exaudi et alia divina officia pro anima ipsius, suorumque parentium, amicorumque et benefactorum, quibus dari voluit videlicet : illi qui dicet missam et hiis qui intonnabunt ipsam Exaudi, tres solidos, et cæteris dominis presbyteris cuilibet ipsorum unum grossum, et cæteris dominis præsbyteris cuilibet ipsorum unum grossum et cæteris cruces portantibus cuilibet ipsorum duodecim denarios semeltantum.

Item voluit, ab heri, luminariam suam, tam in sepultura sua incantari novenæ suæ, quam in fine anni, ad ordinationem sui hæredis infra scripti.

Item, in crastinum suæ sepulturæ, voluit incohari novenam suam in altari beati Francisci et eam continuari per novem dies; et in eadem offerri panem, vinum et candelas; pro quibus dari voluit dictis fratribus religiosis ipsius conventus novem grossos semeltantum.

Item, in fine dictæ novenæ, voluit dictus testator fieri unum Cantare in ecclesia dictus conventus, et convocari omnes presbyteros Valreaci, tam seculares quam regulares, et dictarum trium ecclesiarum una cum earum crucibus, qui teneantur dicere et celebrare missas Exaudi et alia divina officia pro anima ipsius ac suorum parentium et amicorum quibus dari voluit videlicet : illi qui dicet missam, et illis qui intonnabunt Exaudi tres solidos, et cæteris unum grossum et clericis cruces portantibus duodecim denarios semeltantum.

Item voluit et ordonnavit dictus testator in fine anni fieri unum Cantare et convocari omnes dominos (presbyteros) trium ecclesiarum, cum earum crucibus, et dari cuilibet prout in præcedentibus semeltantum.

Item dedit et, amore Dei, dari voluit dictus testator cuilibet septem basilicarum, duodecim denarios semeltantum.

Item dedit ut supra operi dictæ ecclesiæ parrochialis Beatæ-Mariæ-de-Nazareth Valreaci sex grossos semeltantum.

Item dedit et legavit, ut supra amore Dei, cuilibet hospitaliorum operum Christi et Sancti-Lazari Valreaci, videlicet sex grossos semeltantum.

Item voluit et ordonnavit dictus testator dici et celebrari in ecclesia parrochiali Beatæ-Mariæ-de-Nazareth et in altari sancti Joannis-Baptistæ, pro anima ipsius testatoris ac patris et matris, necnon benefactorum et parentium suorum, unum trentenarium missarum de mortuis et, in eodem, offerri panem, vinum et candelas, celebrandum per dominos beneficiatos dictæ ecclesiæ quinto anno post suum obitum, pro quo dari voluit trigenta grossos semeltantum.

Item voluit et ordinavit dictus testator dici et celebrari in ecclesia dicti conventus, et in altari sancti Francisci, per dominos religiosos dicti conventus, videlicet duos trentenaria missarum de mortuis pro anima dicti testatoris, ac patris, matris et parentium suorum, et offerri panem, vinum et candelas, celebranda : primum, secundo anno post suum obitum pro quibus dedit et dari voluit quinque florenos semeltantum.

Et quia hæredis institutio est caput et fundamentum, igitur dictus testator in omnibus aliis bonis suis mobilibus et immobilibus ubicumque existentibus, de quibus nondum per eum dispositum, extitit hæredem suum, universalem, solum et in solidum, fecit ore suo proprio, nominavit, ac esse voluit videlicet nobilem *Joannem Richardi*, ejus filium legitimum et naturalem bene dilectum, et suos, per quem voluit omnia supra per eum legata solvi et adimpleri.

Executores suos geræractoris hujus sui testamenti fecit videlicet Laurentium Chaysei, de Avisano, et Reymondum Seguini, de Valreaco.

Cassans et revocans, etc. Hoc est ultimum testamentum, etc. Rogavit testes infra scriptos, etc., et me notarium, etc.

Acta et disposita fuerunt hæc Valreasi, in domo dicti testatoris et in camera ejusdem, præsentibus ibidem nobilibus et honorabilibus viris Petro Chathalani, Vincentio Molinæ, Reymondo Seguini, Jacobo Salvanhi, Bernardo Richardi, Claudio Penthecostas, Guillelmo Gardetti, Nicolao Guygonis et Lamberto Molini, de Valreaco, testibus ad hoc vocatis et per dictum testatorem specialiter rogatis et me Joanne de Bosqueto, notario, etc.

Certifié conforme par Me Vache, successeur médiat.

Signé : VACHE.

Place du timbre.

(Extrait légalisé des minutes de Jean de Bosquet, notaire, aux archives de Toury, sér. A, 9).

III

Vente par noble Jean Richard à noble Louise de Sainte Jalle. — 1513.

In nomine Domini amen. Noverint universi et singuli, præsentes pariterque futuri, quod anno a nativitate Domini millesimo quengentesimo decimo tertio, indictione prima cum eodem anno more romanæ curiæ sumpta, die vero vice_sima sexta mensis octobris, pontificatus sanctissimi in Christo patris et domini nostri domini Julii, divina providentia papæ secundi, anno ejus decimo, in mei notarii publici et testium infra scriptorum ad hæc specialiter vocatorum et rogatorum præsentia, existans et personaliter constitutus nobilis *Joannes Richardi*, de Valriaco, Vasionensis diœcesis, bona fide, gratis et sponte, sineque vi, dolo, metu, fraude, deceptione vel errore, imo ex ejus certa scientia....... Vendidit tituloque puræ perfectæ simplicis et irrevocabilis venditionis tradidit, cessit, concessit, remisit seu quasi, nobili *Ludovice de Sancta Galla,* condominæ de Vinsobriis, dictæ Vasionensis diœcesis licet absenti, venerabili viro domino Joanne de Sancta Galla, priore de Marsana, ipsius loci de Vinsobriis, ejus fratre....... Vice et nomine ipsius nobilis Ludovice absentis, videlicet omnia et quæcunque directa dominia, census, servitia, feuda, retrofeuda, laudimia, trezena, villanagia, taleas, perceptiones et arreragia fructuum, vintena duodecima, nona, terragia que quos habet et habere consuevit ac percipere tam per se et prædecessores suos in loco, districtu et territorio Avisani, Tricastinensis diœcesis, sive consistant in pecunia, blado, gallinis, animalibus et aliis quibuscunque rebus, et alia quæcunque, qualiæcunque, quantacunque sive ubicunque existant, infra tamen dictum locum ac territorium et districtum Avisani, et per quascunque personas debeantur, una cum eorum juribus et pertinentiis ac aliis juribus laudandi, trezenandi, investiendi, reemendi, jure prælationis et avantagii aut aliquorumque jure laudimia et trezena duplicandi, triplicandi, quadruplicandi ac omnia alia jura sibi competentia super eisdem....... Acta et publice recitata fuerunt hæc Valreaci, in domo dicti venditoris, præsentibus ibidem Bertrando Salvani, Francisco Durneti, dicti loci Valreaci, et domino Fortunato Sarvelli, presbytero de Sancto-Mauritio, testibus ad hæc vocatis et rogatis, et me Drivono Præpositi notario.

(Extrait légalisé des minutes de Drivon Prévost, notaire (B. 2, fol. 165), aux arch. de Toury, sér. A, 11).

IV

Acquisition d'une maison à Valréas par noble François Richard,
écuyer. — 1555.

In nomine Domini amen. Noverint universi et singuli præsentes et futuri quod, anno a nativitate Domini millesimo quingentesimo quinquagesimo, indictione octava, cum eodem anno sumpta, et die decima quinta mensis januarii, pontificatu sanctissimi in Christo patris et domini nostri domini Julii, divina providentia papæ tertii, anno ejus primo, in mei notarii publici et testium infra scriptorum præsentia, personaliter constituta nobilis *Alisia Ponciæ*, uxor *Claudii Joubert*, habitatoris Valreaci, quæ, ut procuratrix ejusdem Joubert, sui mariti....... Gratis et sponte, per se et suos hæredes et successores quoscunque, vendidit, tituloque venditionis tradidit, cessit et remisit nobili *Francisco Richardi*, scutiferi, Valreaci, ibidem præsenti et stipulanti pro se et suis hæredibus et successoribus quibuscunque, videlicet desuper ejusdem Alisiæ domum, acquisitam a nobili *Catharina Richardæ*, sitam infra præsentem locum Valreaci, loco dicto in Quarta Mercati, quod desuper confrontatur, ab oriente, cum carreria publica, a bisia, cum domo Nicolai Darati, a vento, cum domo Caroli Fabri..... Salvo et retento, in et super eadem domo, jure directo, dominio et majori segnoria sanctissimi domini nostri papæ ac censu domino directo debito duntaxat, et hoc pretio et nomine veri justi et legalis pretii sexagintorum florinorum et trium grossorum monetæ currentis in præsenti comitatu Venaissini; quod quidem pretium eadem Alisia habuisse confessa fuit a dicto emptore presente, scilicet triginta florenos in uno equo pilli grisi et decem octo florenos, in præsentia mei notarii. De quo contentum se tenens, ipsum emptorem et suos quitavit exceptioni vero eorumdem sexaginta florenorum et trium grossorum non habitorum ac non numeratæ pecuniæ et omni alteri exceptioni renunciando....... Acta et publice recitata fuerunt hæc Valreaci, in domo habitationis ipsius nobilis Francisci Richardi, præsentibus ibidem Glaudio Monoini et Petro Teulerii, Valriaci habita-

toribus, testibus ad præmissa vocatis et rogatis.

(Extrait légalisé des minutes de Gaspard Prévost, notaire (C., fol. 286), aux arch. de Toury, sér. A, 7).

V

Testament de noble Jean Richard. — 1620 (1).

Au nom de Dieu soit-il. Scachent tous que l'an de la nativite de Nostre Seigneur mil six cent vingt et le vingt neuvième jour du mois daoust, comme ainsy soit que la mort et la vie en la main de Dieu sont, et qu'il n'y a rien de plus incertain que son heure et quil est bien seant a toute personne sage penser à l'evenement d'ycelle, vu qu'il est ordonne selon saint Paul un chacun devoir une foy mourir; ce considere, pardevant moy, notaire apostolique et royal soussigne, et les témoins cy-bas nommes, personnellement estably noble *Jean Richard*, de la ville de Vaulreas, lequel, sain au plaisir de Dieu de ses sens, vüe, entendement et memoire, jaçoit que, par le vouloir divin, il soit detenu au lit par maladie corpo-

relle, desirant avant que partir de ce miserable monde, s'il plait à la misericorde de Dieu, pourvoir de ses biens et substances afin qu'apres sa mort, question et proces ne viennent a naistre entre ses enfants, parents et allies et mesme pour le salut de son ame, par ainsy par tous les meilleurs moyens, voie, droict et forme qu'il a pu et mieux sçu, a faict et ordonne son dernier testament et dernière volonte noncupatif en la forme et manière que s'en suyt.

En premier lieu ledit Jean Richard testateur, comme vray fidelle chrestien catholique, s'est muny

(1) Comme nous l'avons dit dans la généalogie, cette pièce, dont nous donnons la plus grande partie, est une traduction du temps, renfermant des locutions assez singulières, du testament de Jean Richard, dont l'original est en latin.

16

et arme du venerable signe de la saincte croix † disant : *In nomine Patris, et Filii et Spiritus Sancti, amen*, recommandant son ame a Dieu le createur, a la sacree Vierge sa mere et a toute la cour celeste du Paradis. Et a son corps, la debte de nature y accomplye, luy a eslu sepulture dans lesglise parochialle de Nostre–Dame–de–Nazareth de ladicte ville, à la tumbe de ses predecesseurs (1); la où il veult estre honnorablement ensepuelly sellon sa qualite, en vray chrestien catholique, apostolique et romain,

(1) Nous avons dit que la famille Richard avait sa sépulture dans le cloître des Frères-Mineurs de Valréas, bien que quelques-uns de ses membres aient été enterrés dans l'église paroissiale; il est probable que la chapelle Sainte-Marie-Magdelaine de cette église renferma le premier tombeau de la famille. C'est là que Polie Richard demanda à reposer, par son testament de 1453 (p. 15). Le cloître des Frères-Mineurs n'existait point alors; il date seulement de la seconde moitié du xvᵉ siècle : nous avons vu (p. 90) que Dragonnette Chambaud, d'une famille qui s'allia aux Richard, avait laissé par son testament de 1445 de quoi construire ce cloître, dans lequel les Richard fondèrent, sans doute peu après, le tombeau dans lequel Arnaud, en 1511, et son fils Jean, quelques années plus tard, voulurent être ensevelis. Toutefois, la sépulture de Notre-Dame-de-Nazareth n'avait point été abandonnée, puisque le corps d'Annette Laugier, veuve de Jean Richard, y fut porté en 1534 (v. p. 19).

remettant lhonneur et depenses de ses funerailles à sa femme et executeurs cy-appres nommes.

Item ledit testateur a donne et legue aux posthumes ou pousthumes femeaux qui naistront par cy apres du ventre de noble Marie Bartholomiere sa femme, a chacun diceulx quatre cens florins payables, la moytie lhors de la collocacion de leur mariage, et les deux cens restans en quatre payes annuelles et esgalles lhors prochainement suyuantes, et jusques a ce a voulleu que soyent nourriz et eslevez a lesgal de ses autres enfants et aux despens de ses heritiers sellon les forces et facultes de son heritage.

Item a donne et legue a sa dicte femme en consideracion des bons et agreables services quelle luy ha rendu et luy rend journellement, la somme de vingt escus de rente et en outre et par dessus, l'augment et autres aduantages matrimoniaulx quil luy a donnes par leur contract de mariage, a la charge toutes foys den disposer en faueur des enfants de leur mariage, sil y en ha au temps de son deces sinon a toutes ses vollontes.

Item....... Daultant que linstitution dheritier est le chef et fondement de chascun dernier testament, sans laquelle nul testament ne peult auoyr force ny efficace, a ceste cause ledict Jean Richard..... A faict, institue et de sa propre bouche a nomme et surnomme ses heritiers universels nobles *Jacques* et *Pierre Richard* ses enfants, et auec eulx les posthumes ou pousthumes masles qui noistroient aussy..... Et en cas que lesdicts heritiers et posthumes masles viennent a mourir en pupilier age ou sans enfans et *ab intestat*, a ce cas ledict testateur leur a substitue et substitue pupilierement, vulgairement et par fidei-commis les suruiuantz diceulx....... Et venant tous a mourir en mesme estat, sauf les fruicts à ladite Bartholomiere pendant son vefuage, a iceulx enfants et posthumes par toute melheure substitution que de droict il ha peu, a substitue et substitue scauoir lesdicts posthumes femeaulx esgallement et a leur deffault ladicte Bartholomiere leur mere pour une quatriesme, et Françoise, Helenne et Gillete Richard ses sœurs esgallement. Et ausquels heritiers et posthumes ledict testateur a poururueu comme tuteresse et legitime administratresse icelle noble Marie Bartholomiere leur mere, la relleuant de question d'inuentaire. Et arriuant que ladicte Bartholomiere

vint a morir ou bien a conuoller en secondes nopces pendant la pupillarite desdicts heritiers et posthumes, a ce cas, des mentenant comme pour lhors et par ce mesme contract et disposition finalle, ledict testateur leur a prouveu de tuteur testamentaire des personnes de tel ou tels que par ladicte Bartholomiere et proches parents desdicts pupils seront nommes et esleus.

Pour executeur de ses funerailles et causes pyes, ledict testateur a faict et despute monsieur le Cure et son secondeur qui se tienneront en ladicte esglise auec tout pouuoir requis et necessaire. Et sy, par cy deuant, ledict testateur auoyt fait aulcuns testamens, iceulx casse.......

Faict et publye audict Vaulreas, dans la maison dudict testateur. Presens a ce : M. Estienne Ferrier, noble Aulzias de Bellan, M. François Dydier, docteur-ez-droictz, M. Pierre Chabert, etc., de ladicte ville, tesmoins requis et par ledict testateur cogneus et nommes, signe en la note originale et moy Jean-Vincent Dumont (*De Monte*) notaire apostolique et royal delphinal, originaire et habitant dudict.

(Copie légalisée aux arch. de Toury, sér. A, 23).

VI

Acte de baptême de noble Pierre Richard. — 1608 (1).

Le vingt sept feurier mille six cens huict a ete baptise *Pierre*, fils naturel et legitime de noble *Jean Richard*, ecuyer, et de noble dame *Marie de Barthomier*, sa femme. Le parrain a ete noble Antoine de Barthomier, et la marraine noble demoiselle Françoise Richard.

Signé : CHAMBAUT, *curé.*

L'extrait ci-dessus a été tiré sur l'original du liure des baptêmes de cette paroisse de Grillons, par moy prêtre et curé, ainsi l'atteste à Grillons, ce treize aoust mil sept cent trente neuf.

Signé : BARTHELEMY, *curé.*

Cet extrait légalisé et scellé par Jean-Antoine Eymeric, juge majeur ordinaire de la ville de Valreas.

(Arch. de Toury, A. 12).

(1) Nous donnons *in extenso* cet acte de baptême, le plus ancien que nous connaissions des aînés de la famille Richard. Nous avons dit (p. 13) que les registres paroissiaux de Valréas, antérieurs à 1587, avaient été brûlés par les Huguenots.

VII

Note sur Soultrait.

Soultrait, fief de la châtellenie de Châteauneuf-sur-Allier, vassal de l'importante seigneurie de St-Parize-le-Châtel. — *Terre et seigneurie de Soubz-le-Trest ,* 1468 (Archives de la Nièvre). — *Soubz-le-Tref,* 1498 (*Ibid.*) — *Soletref, Soltref,* 1564 (Terrier de Soultrait). — Soultray et Soultraict, 1596 et 1598 (Archives de Toury.)

— *Soultray*, 1641 (*Ibid.*) Actuellement hameau de la commune de Saint-Parize-le-Châtel.

La première mention que nous trouvions de ce fief est un aveu et dénombrement rendu en 1468, conservé aux archives départementales de la Nièvre, dont voici quelques passages : « A tous « ceulx qui ces presentes lectres « verront, etc... Fut personnelle- « ment establie noble damoiselle « Jehanne de Saint-Parize, dame « de Soubs-le-Trest, estant et « usant de ses droits et pleine « puissance..... A congneu et con- « fesse soutenir en fied et homaige « de nobles seigneurs, dame et « damoiselle, messire Erard de « Digoine, chevalier, etc....., Sei- « gneur en partie de Saint-Parize, « dame Claude et damoiselle Je- « hanne de Mello, sœurs....., A « cause de leur chastel et chastel- « lenie dudit Saint-Parize, les « choses qui sensuivent, c'est « assavoir la justice de Soubsle- « trest jusques a soixante sols « tournois. Item la blairie dudit « lieu de Soubsletrest. Item dix « sols tournois, ung boisseaul « seigle et une geline de borde- « laige que lui doit chascun an « Guillaume Abinieaul..... » (suit une longue énumération des re-

venus et des droits féodaux)«Donné « audit lieu de Saint-Parize le « vingt huitiesme jour du moys de « septembre, lan mil quatre cens « soixante et huit. Presens nobles « hommes Guillaume Boisserand, « Guillaume Joseph, escuiers, et « Pierre Mircaul, clerc, temoins « a ce appeles et requis. »

Signé : PARIS.

Le fief de Soultrait appartint, au XVIe siècle, à la famille de La Chasseigne, au XVIIe, à la famille Sallonnier, puis à Joseph Richard, comme on l'a vu. Voici une partie du texte de l'acte de foi et hommage que Joseph Richard et sa femme rendirent, en 1680, au seigneur de Saint-Parize, acte qui est conservé aux archives de la Nièvre.

« Acte de foy et hommage de « la terre et seigneurie de Soultref « du 11 nouembre 1680.

« Aujourdhuy unziesme no- « uembre mil six cent quatre « vingt, environ lheure de dix du « matin, par deuant le notaire « royal soubzigne residant au « bourg de Sainct-Parise le Chas- « tel sont comparus noble Joseph « Richard, esc[r], seigneur de Soul- « tref, et damoyselle Claude Sal- « lonnyer, son espouse, demeurans

« en la paroisse de Langeron les-
« quels mont requis de me vou-
« loir transporter auec eux au
« chastel dudict Sainct-Parise affin
« de leur donner acte de la foy
« et hommage quils entendoient
« faire au seigneur dudict Sainct-
« Parise de la terre et seigneurie
« de Soultref; a quoy inclinant je
« me suis, nottaire susdict, auec
« ledict sieur Richard [et ladicte
« damoyselle son espouse, trans-
« porte au chastel dudict Sainct-
« Parise ou estant ledict s^r Richard
« et ladicte damoyselle ont eu
« rencontre a m^re Jean François
« Damas d'Anlezy, cheualier de
« lordre de Sainct Jean de Hye-
« rusalem, command eur Dorleans,
« seigneur de Sainct Parise, y
« demeurant, que ladicte terre
« et seigneurie de Soultref, auec
« ses dependances, a este vendue
« et adiugee par decret a ladicte
« damoyselle Sallonnyer au bail-
« liage et pairie de Niuernois le
« vingt trois septembre mil six
« cent soixante et dix neuf, ils .
« sont venus expres en ce lieu
« pour luy en faire la foy et
« hommage et a cest effect luy
« ont declare quils luy en font la
« foy et hommage, ledit sieur sans
« espee ni esperons, s estant mis
« en lestat que doit faire le vasal

« a son seigneur feodal, un genouil
« en terre, les mains joinctes, ont
« baise le verrouil de la porte
« dudict chastel et luy ont jure foy
« et fidelite en cas requis accous-
« tume recongnoissants tenir la-
« dicte terre et seigneurie de
« Sainct-Parise suivant la coustume
« de Nivernois, suppliant ledict
« seigneur de les receuoir a ladicte
« foy et hommage. Ce que ledict
« seigneur leur a octroye et les a
« receus a icelle a la charge de
« luy donner vn denombrement
« en forme de ladicte terre et sei-
« gneurie de Soultref et depen-
« dances dicelle dans le temps
« porte par la coustume... Car ainsy
« faict les an et jour susdicts. »

La seigneurie de Soultrait fut
possédée, jusqu'aux dernières années du XVIIIe siècle, par la branche
de la famille Richard qui en a conservé le nom; mais elle avait été divisée entre les enfants de Joseph, et
les descendants de Jean-Charles, son
second fils, en possédaient encore
une portion il y a quelques années.

Il y avait à Soultrait un petit
manoir du XVIe siècle, avec une
chapelle; le tout a été dénaturé,
mais un inventaire des premières
années du XVIIIe siècle, qui fait
partie des archives de Toury, en
donne la description.

Nous avons donné, d'après le *Dictionnaire topographique de la Nièvre*, de M. le comte de Soultrait, les diverses manières dont ce nom s'est écrit; aux xvie et xviie siècles, la désinence habituelle des noms du pays, en *ay*, avait été adoptée; ce fut Pierre Richard qui revint à l'ancienne orthographe plus logique, car elle traduit mieux le nom latin de ce lieu qui était *Sub-Trajectum*.

VIII

Frais des funérailles de Claude-Jacquette Sallonnier de Nyon. — 1691.

Estat de la despense faite pour les funerailles de ma femme decedee le 26 novembre a neuf heures et demie du soir.

Premierement a M. le cure de Saint-Jehan ma remis son droict, plus pour les assistances de 12 prestres a lenterrement et seruice la plus grande partie nayant rien voulu prendre. . . . . iii l.
Plus au clerger. . . . . . ix l. xvi s.
Plus au marguillier. . . . L s.
Plus au sacristain pour la sonnerie . . . . xx l.
Plus a la fabrique de Saint-Cire pour louuerture de la terre . . . . vi l.
Aux trois coutres pour leur droict il failloit six liures, Mrs Jacquet et Gresrier mont remis leur part reste a . . . . XL s.
Aux pauvres distribue a chacun vn sol marque . . . xxxvl.

Plus aux pauvres honteux cinquante boisseaux de bled. Plus dix sept boisseaux donnés pendant sa maladie.
Pour les offertes . . . . . x l.
Pour XVIII escussons. . . XLv s.
Pour le cercueil . . . . . iii l.
Aux deux crieurs des trespasses . . . . L s.
Pour auoir leve et remis la tombe . . . . XLv s.
Pour six sonneurs pain vin et peine. . . . . . . iii l. xv s.
Aux Recollets pour le leg a eux faict . . . . . . L l.
Plus pour messes. . . . . iv l.
Aux Capucins pour le leg a eux fait. . . . . . . xx l.
Plus a este legue a la femme de M. Larrigue pour....... et nourriture . . . . . L l.
Plus a son fils pour aller au seminaire de Saint-Martin . . . . L l.

(Note autographe de Joseph Richard de Soultrait. Arch. de Toury, sér. A, 33).

IX

Certificat de la mort de Joseph Richard de Magny. — 1709.

Nous marquis de Faruaques, colonel du regiment de Piemont.

Certiffions que le sieur Magny, frere du sieur de Soultray, lieutenant au régiment, a esté tué a la bataille de Malplaquée, s'y estant trouué volontairement et qu'il y a donné des marques de sa brauoure et de son intrepidité jusques a ce qu'il y aye esté tué. En foy de quoy j'ay donné le present certificat.

Fait au camp de Ruennes ce 13 octobre 1709.

Signé : FARUAQUES.

(Place du sceau).

(Arch. de Toury, sér. A, 21).

X

Note sur Toury-sur-Abron.

Toury-sur-Abron, fief de la châtellenie de Decize, paroisse de l'archiprètré de Decize et prieuré dépendant de l'abbaye de Vézelay. — *Ecclesia Sancti Martini de Tauriaco*, 1103 (Cartulaire général de l'Yonne, II, p. 405). — *Ecclesia de Toriaco*, 1185 (*Gallia Christiana*, XII, col. 183). — *Thoriacum super Abron*, 1281 (collection de documents originaux sur le Nivernais du comte de Soultrait). — *Thoriacum*, 1287 (Pouillé de l'évêché de Nevers). — *Le chastel et maison-fort de Thoury*, 1638 (arch. de Toury). — Actuellement commune de Toury-Lurcy, depuis la réunion de la paroisse de Lurcy-sur-Abron en 1822.

Cette importante seigneurie appartint, probablement dès l'origine de la féodalité, à la famille Bréchard, l'une des plus illustres races chevaleresques du Bourbon-

ñais, dont une branche la possédait au milieu du XIIIᵉ siècle. Le
plus ancien document des archives
de Toury est un *vidimus* de la
vente de ce fief, le 28 février 1377,
par Guyot Bréchard, damoiseau,
à Jean Saunier du 'Follet. Voici
les principaux passages de cet
acte : « A tous ceuls qui ces lettres
« verront, Hugues Aubriot, che-
« valier, garde de la prevosté de
« Paris, salut. Sauoir faisons que
« nous, le lundi cinc jours dauril
« lan mil CCCLXXVII, veismes
« vnes lettres seelee comme appa-
« roit du seel royal en la preuoste
« de Sainct Pierre le Moustier
« contenant ceste forme : Uni-
« versis presentes litteras inspec-
« turis, Johannes de Nuyz cleri-
« cus custos sigilli regis in prepo-
« situra de Sancti Petri Monasterio
« salutem. Noueritis quod, coram
« Johanne Apleigne, clerico jurato
« regis dicti que sigilli notario.....
« Personaliter constitutus Guiotus
« Brechardi, dominus de Tho-
« riaco super Abronem, domicel-
« lus, filius condam Guillelmi
« Brechardi, condam domicelli,
« non vi, non dolo, non metu.....
« Vendidit, concessit, dimisit in
« perpetuum et quietavit..... Jo-
« hanni Saunerii de Foleto, pre-
« senti ementi..... Precio quater-

« centum denariorum..... Voca-
« torum frans dor, solutorum,
« traditorum..... Videlicet locum
« et motam de Thoriaco super
« Abronem, in diocese Niver-
« nensi situatum, cum fundo
« terre, portali lapidibus, fossatis
« circa dictam motam, et aliis
« suis juribus et possessionibus
« universis, et cum omni justicia,
« seu juridictione alta, media et
« bassa, et omni jure juridictionis
« justicie alte, medie et basse, et
« cum omnibus et singulis juribus
« corporalibus usibus dicti loci de
« Thoriaco..... Promictens insu-
« per dictus venditor, sub jamdic-
« tam obligationem, predictas res
« venditas universas et singulas
« quiete et libere pacifice garen-
« tire ab omni dono, legato, feodo,
« retrofeodo, elemosina..... Et ab
« omnibus et singulis aliis omni-
« bus servitutibus..... Salvis ta-
« men predictis mota et turre que
« tenentur de feodo domiti comi-
« tis Flandrensis duntaxat..... In
« quorum testimonium, ad ipsius
« jurati relacionem cui fidem super
« hiis plenariam adhibemus, sigil-
« lum regis predictum litteris pre-
« sentibus duximus apponendum.
« Datum et actum die Jovis post
« festum cathedre sancti Petri
« apostoli vicesima octaua mensis

« februarii anno domini mille-
« simo trecentesimo septuagesimo
« quinto. Et nous, a cest trans-
« cript, auons mis le seel de la
« preuoste de Paris lan et le jour
« premiers dessus diz. »

Signé : P. DE MONTIGNY.

(Arch. de Toury, sér. D, 4.)

L'acquéreur de Toury, Jean
Saunier du Follet, de Moulins en
Bourbonnais, fit la fortune de sa
famille. Son épitaphe, autrefois
dans l'église d'Iseure près de
Moulins, nous apprend qu'il était,
au moment de sa mort en 1389,
seigneur du Follet, de Thory-sur-
Abron, de La Motte-Ferrechaut et
de Varennes-les-Brechards, conseiller et chambellan du roi, et
son bailli de Saint-Pierre-le-Moustier, conseiller et maître d'hôtel de
la duchesse de Bourbon (*Ancien
Bourbonnais*). Les descendants de
Jean Saunier possédèrent Toury
jusqu'aux premières années du
XVIIᵉ siècle; ils étaient alors bien
déchus de leur ancienne splendeur
et, en 1622, leur seigneurie fut
vendue par décret et eut pour
acquéreur un gentilhomme hugue-
not, Antoine de Saurin, d'une
famille provençale, qui vendit
lui-même, en 1636, à Léonard
Cochet, chevalier, baron de La

Ferté - Chauderon, surintendant
des finances du duc de Nevers,
« la terre, justice, seignorie de
« Thoury-sur-Abron , Rets-les-
« Espoisses, La Forest, consistant
« en chastel, maison-fort, pavil-
« lons, fossez a lentour, coulom-
« bier, granges, escuries, courts,
« jardins, vergers, etc. Justice
« haute, moyenne et basse, fiefs,
« cens, rentes, bourdelages, dis-
« mes, champarts, blairie, cour-
« vées, droits de guet et garde,
« usaiges d'eaues et rivières, mou-
« lins, regon, biez, estangs, bois
« dhaulte fustaye et taillis, etc. »
(Acte de vente de 1636, aux archives de Toury, sér. D, 5 et 6).

A partir de cette époque Toury
ne fut plus vendu : le baron de La
Ferté en fit don, en 1649 (Arch. de
Toury, sér. D, 11), à sa nièce
Estiennette Enfert, femme de Guillaume Bernard, dont la fille, Marie
Bernard de Toury, épousa Claude-
Charles Le Bourgoing, écuyer,
lui apportant cette terre, qui fut
donnée en dot à Jacquette Le
Bourgoing, femme de Pierre Richard de Soultrait, et qui appartient encore à son descendant.

La « Lièvre ou manuel de recette
« des rentes nobles dues au ter-
« rier et seignorie de Toury-sur-
« Abron en 1778 » (Archives de

Toury, sér. D, 1) donne l'énumération suivante des [droits féodaux dont jouissaient les seigneurs
de Toury.

« Droits generaux de la terre
« de Toury-sur-Abron et dépen-
« dances, composée des terres,
« justices, fiefs et seigneuries du-
« dit Toury, Couroux, Montcou-
« roux, Raix et Les Espoisses, La
« Forest et dépendances, situés
« en Nivernois, mouvans en plein
« fief de monseigneur le duc de
« Nevers.

« Pour lesquelles terres, justices
« et seigneuries, réunies et conti-
« gues, ladite dame de Toury
(Jacquette Le Bourgoing, veuve
de Pierre Richard de Soultrait),
« conformément au procès-verbal
« du 25 octobre 1778 dressé de-
« vant Lemoine, notaire, devant
« la porte du château de Toury,
« et en vertu d'un aveu et dénom-
« brement rendu par ladite dame
« au duc de Nivernois, a droit de
« créer bailli et officiers pour
« l'exercice desdites justices.

« Droit de blairie en icelles,
« qui est d'un boisseau d'avoine
« par chaque feu.

« Droit de visitation sur les
« bêtes aumailles que l'on tue
« dans l'étendue desdites jus-
« tices.

« Droit de langues desdites
« bêtes.

« Droit de poids, marcs, ba-
« lances et mesures.

« Droit de lede le jour de la
« foire qui se tient le jour de
« Saint-Eloy audit Toury, le len-
« demain de Saint-Jean, pourquoi
« est du à ladite dame pour ledit
« droit de lede pour les bestiaux
« qui se vendent et changent,
« ladite lede se perçoit scavoir :
« pour chaque bête aumaille,
« 12 deniers; pour cheval ou ju-
« ment, 12 deniers; pour chaque
« mouton, brebis ou porc, 6 de-
« niers; pour chaque chèvre ou
« bouc, 2 deniers.

« Pour chaque mercier, mar-
« chand ou autres personnes qui
« exposent marchandises ou den-
« rées en vente, doivent chacun
« pour la place 5 deniers.

« Et pour chaque cabaretier
« vendant vin ledit jour de Saint-
« Eloy, doit une pinte de vin ou
« 5 sols au choix de ladite dame.
« Et faute de payer lesdits droits,
« ledit jour, ladite dame a droit
« de prendre sur les défaillants la
« somme de 60 sols.

« Droit de signe patibulaire ès-
« dites justices.

« Droit de garenne et chasse,
« droit de pêche dans l'étendue

« de la rivière d'Abron et eaux
« mortes d'icelle.

« Droit de lods et ventes, remû-
« ment, amende pour la raellée ;
« main morte, reversion des héri-
« tages mouvans à bourdelage,
« cens et rentes et autres droits
« seigneuriaux suivant la coutume
« du Nivernois.

« Les terres vaines et vagues
« appartiennent à ladite dame
« dans l'étendue desdites justices.
« Et généralement tous autres
« droits et privilèges appartenant
« au seigneur haut justicier. »
(Archives de Toury, sér. D, 1.)

D'après la même lièvre, comple-
tée par un atlas terrier fort bien
fait et très curieux pour la topo-
graphie de Toury et de ses environs au XVIIIe siècle, la terre de
Toury comprenait alors :

« Le château de Toury, terres,
« bois, étangs et dependances.

« Le domaine Boitier ou Bil-
« lons.

« Le domaine de Raix ou Retz.

« Le domaine Millin.

« Le domaine de Couroux.

« Le domaine Glaud ou Mont-
« couroux.

« Le Moulin de Toury.

« La locaterie Saquard ou Laus-
« sot.

« La locaterie Perrin.

« La locaterie du bourg de
« Toury.

« La tuilerie dudit Toury. »

Outre ces fermes, des bois considérables et de vastes terrains
incultes, mis en valeur seulement
au XIXe siècle, les droits féodaux
des seigneurs de Toury se per-
cevaient sur beaucoup de terres
des paroisses voisines. (Lièvre et
plan terrier cités ci-dessus).

L'ancien château de Toury,
dont la grosse tour d'angle sud-
ouest a seule été conservée, s'éle-
vait à quelques pas du château
actuel, au nord. Construit au
XIIIe siècle par les Bréchard, il se
composait d'un parallélogramme,
flanqué de quatre tours reliées par
des courtines, sur une motte entourée de larges fossés.

Il devait être en partie ruiné
quand la famille Saunier le res-
taura au XVe siècle, faisant cou-
ronner les tours et adossant aux
courtines des bâtiments d'habitation.

Les tourelles percées de meurtrières, qui garnissent les angles
du jardin potager, datent du XVIe
siècle.

Le baron de La Ferté fit construire, en contre-bas du château,
sur le village, les bâtiments de

servitude, encore conservés en partie, entourant une cour dans laquelle on entrait par un portail en brique et pierre, orné des armoiries des Cochet, qui fut malheureusement détruit en 1834.

En 1778, Mme de Soultrait fit démolir presque tout l'ancien château et en employa les matériaux à la construction du nouveau, vaste bâtiment barlong sans caractère, que son arrière-petit-fils modifia en 1834, et dont l'intérieur fut arrangé de nouveau, trente ans plus tard, par le comte Georges de Soultrait. Ce château renferme un mobilier intéressant au point de vue archéologique et des collections nivernaises que son propriétaire actuel forme depuis de longues années.

La grosse tour de l'ancien château des Bréchard est entièrement conservée; c'est un des monuments les plus intéressants de l'architecture féodale qu'il y ait en Nivernais. Elle date des premières années du XIIIe siècle, à en juger par les caractères architectoniques. Elle a vingt-cinq mètres de hauteur, et ses deux premiers étages voûtés reposent sur une base talutée renfermant des caves, auxquelles on descendait par un escalier intérieur, la porte d'entrée étant ouverte à quatre mètres du sol. Les murs, épais de trois mètres dans la partie inférieure, et de deux aux premier et second étages, renferment, dans leur épaisseur, un escalier et des couloirs conduisant aux bretèches qui flanquent les parois à des hauteurs différentes. Les meurtrières sont longues et étroites. La partie supérieure de la tour a été refaite par les Saunier, dont les armoiries, portant trois bandes, sont sculptées au-dessus d'une fenêtre, sous une moulure. Des bancs garnissent les fenêtres, et de hautes et larges cheminées fort simples, dont deux datent de la construction primitive, se voient à chaque étage.

XI

Testament de Jean-Jacques-Benoit Richard de Soultrait. — 1827.

Au nom du Père, du Fils et du Saint-Esprit, ainsi soit-il.

Je déclare qu'avec l'assistance de Dieu et par l'intercession de la

Sainte-Vierge et de mes saints patrons, j'ai le désir et l'espérance de mourir en bon chrétien et dans la foi de la religion catholique, apostolique et romaine.

Ma pensée n'ayant jamais séparé la bonté infinie de mon Créateur de sa toute-puissance, c'est avec confiance que je lui remettrai mon âme, en le priant de couvrir de sa miséricorde les faiblesses et les misères de ma vie.

Je bénis mes enfants et petits-enfants et j'appelle sur eux tout le bonheur dont on peut jouir en ce monde.

Je recommande à mes chers fils de regarder leur union et leur mutuelle tendresse fraternelle comme le bien le plus précieux de leur héritage ; je leur recommande l'amour et la crainte de Dieu, sentiments que j'ai la consolation de connaître en leurs cœurs et qu'ils doivent y affermir de plus en plus pour exaucer un de mes vœux les plus ardents.

Je ne recommande point mon souvenir, il m'est bien assuré dans le cœur de mes enfants ; s'il me reste peu d'années à vivre, je les engage à se soumettre à la volonté de Dieu qui, dans le cours de ma vie, m'a comblé de ses grâces et de ses consolations, et qui m'appellera à lui quand sa miséricorde jugera qu'il convient que je quitte la terre.

Je ne prescris rien quant aux prières et aumônes à faire à l'intention du repos de mon âme ; je remets justement ces devoirs pieux à la tendresse filiale, seulement j'exprime le désir que ma dépouille mortelle (autant que cela se trouvera d'une facile exécution) repose à Toury, au milieu de ceux qui m'ont précédé devant Dieu et parmi lesquels j'ai passé de longues et douces années.

(Suivent divers legs de peu d'importance, M. de Soultrait ayant fait, comme cela a été dit, le partage de sa fortune de son vivant).

Ainsi fait le présent, qui annule toutes les dispositions testamentaires que j'ai pu faire avant ce jour vingt novembre mil huit cent vingt sept.

Ecrit entièrement de ma main au château de Toury, les jours, mois et an que dessus.

. Signé : RICHARD DE SOULTRAIT.

XII

Lettre du Ministre de l'instruction publique annonçant au comte Georges de Soultrait sa nomination de chevalier de la Légion d'honneur. — 1862.

Paris, le 14 août 1862.

Monsieur le comte, je m'empresse de vous informer que, par décret rendu sur ma proposition, le 13 août courant, l'Empereur vous a nommé chevalier de l'ordre impérial de la Légion d'honneur.

Je suis personnellement reconnaissant à Sa Majesté d'avoir bien voulu accueillir le témoignage que je lui ai rendu de vos travaux et du précieux concours que vous prêtez au Comité historique.

Recevez, Monsieur le comte, avec mes affectueuses félicitations, l'assurance de mes sentiments très-distingués.

Le ministre de l'instruction publique et des cultes,

ROULLAND.

(Arch. de Toury, sér. B, 48).

XIII

Lettre du baron Dupin au comte Georges de Soultrait, cessant de faire partie du Conseil général de la Nièvre. — 1862.

Nevers, 22 avril 1862.

Monsieur le comte et cher ancien collègue, le Conseil général me charge d'être l'organe de tous ses regrets à votre égard. Il vous comptait parmi ses membres les plus assidus et les plus éclairés; vos relations avec nous étaient pleines d'urbanité; et les rapports que vous rédigiez sur les monuments et sur les écoles du département comptaient parmi nos travaux d'un véritable intérêt.

Nous sommes charmés que le gouvernement vous confie des fonctions financières considérables dans la ville la plus importante après la capitale, et nous déplorons à votre égard que la loi les déclare incompatibles avec celles de tout Conseil général.

Nous espérons qu'en vous fixant dans le département du Rhône, vous n'oublierez pas les antiquités de la Nièvre, dont vous avez fait une étude si savante et si fructueuse. Il ne faut pas que les richesses érudites recueillies par vous soient perdues pour votre département.

J'ai l'honneur de vous saluer avec la plus haute considération.

Votre ancien et très dévoué collègue. Baron Charles DUPIN,

Vice-président présidant la session extraordinaire de 1862.

P.-S. — Le Conseil général a décidé que cette lettre serait insérée dans son procès-verbal avec lequel elle sera par conséquent publiée. (Arch. de Toury, sér. B, 47.)

XIV

Autorisation de S. M. la reine de Suède pour le baptême de la comtesse de Soultrait. — 1825.

J'autorise Mlle de Villeneufve à tenir sur les fonts baptismaux en mon nom l'enfant de M. le vicomte et de Mme la vicomtesse Le Jeans et désire qu'on lui donne le nom de Charles et celui de M. de Villeneuve, si c'est un garçon, et si c'est une fille, celui de Juliette et Eugénie ou Honorine ou Virginie. Je regrette infiniment de ne pas y assister moi-même et souhaite toutes sortes de bonheur au père et à la mère et à leur famille sans oublier mon aimable

compère et son épouse, à qui je voudrais une meilleure santé, votre affectionnée DÉSIRÉE.

Stockholm, le 18 août 1825.

Ce petit billet en attendant mieux.

Et au verso :

Moi soussigné certifie que l'écriture de l'autre côté est de la main de S. M. la reine de Suède et signé d'elle.

LE COMTE DE LOEWENHIELM, *ministre de Suède.*

(Arch. de Toury, sér. B, 21).

XV

Bref de S. S. le Pape Pie IX conférant le titre de comte à Georges Richard de Soultrait. — 1850.

Dilecto filio Georgio Richardo de Soultrait, diœcesis Nivernensis.

Prus PP. IX. Dilecte fili, salutem et apostolicam benedictionem. Romanorum pontificum prædecessorum nostrorum exempla esecuti insignia honoris, ac dignitatis iis viris æquo animo deferimus, qui virtute et erga Apostolicam Sedem studio et observantia præstare videantur. Jam vero quum certo Nobis gravique testimonio compertum fuerit te, dilecte fili, honesta stirpe ortum culta religionis, ac pietatis, morum gravitate, aliisque ornamentis virtutum veram, ac solidam tibi laudem collegisse, Nobis vero, et huic Apostolicæ Sedi eam profiteri fidem et observantiam, quæ non adumbrata, et levis, sed penitus impressa animo, et constans videatur; idcirco ut virtutis habere per Nos possis et incitamentum, et præmium, te, tuosque descendentes honoris titulo censuimus decorandos. Itaque omnes et singulos, quibus hæ Litteræ favent, peculiari beneficentia prosequi volentes, et a quibusvis excommunicationis, et interdicti, aliisque ecclesiasticis sententiis censuris et pænis quovis modo vel quavis de causa latis, si quas forte incurrerint, hujus tantum rei gratia absolventes, ac absolutos fore consentes, hisce Litteris Auctoritate Nostra Apostolica te, tuosque posteros ex legitimo conjugio procreatos in primogenitorum tantum linea (dummodo tamen in Catholica fide perseverent) SACRI PALATII, ET AULAE NOSTRAE LATERANENSIS COMITES dicimus, instituimus, et renuntiamus. Tibi proinde ac memoratis tuis posteris omnia et singula jura, privilegia, honores concedimus, quibus Comites hujusmodi utuntur, fruuntur, vel uti ac frui possunt, ac poterunt citra tamen facultates a Concilio Tridentino sublatas Sanctæ hujus Sedis auctoritate confirmato; itemque facultatem tibi, tuisque supradictis descendentibus impertimur, ut in publicis, privatisque tabulis, atque in Apostolicis etiam Litteris honorifico hujusmodi Comitis titulo decorari possitis. Id concedimus et indulgemus decernentes has Litteras firmas, validas et efficaces existere et fore, suosque plenarios et integros effectus sortiri et obtinere, iisque ad quos spectat et in futurum spectabit plenissime suffragari, sicque in præmissis per quoscumque Judices ordinarios et delegatos etiam causarum Palatii Apostolici Auditores judicari et definiri debere, ac irritum et inane si secus super his a quoquum quavis Auctoritate scienter vel ignoranter contigerit attentari. Non obstantibus Apostolicis ac in Universalibus Provincialibusque et Synodalibus Conciliis editis generalibus, vel specialibus Constitutionibus, etiam juramento confirmatione Apostolica, vel quavis firmitate alia roboratis statutis et consuetudinibus, ceterisque contrariis quibuscumque.

Datum Romæ apud Sanctum Petrum sub annulo Piscatoris die II. Augusti MDCCCL. Pontificatus Nostri Anno Quinto.

Signé : A. Card. LAMBRUSCHINI.

Loc. annuli piscatoris

(Arch. de Toury, sér. B, 17).

LES SEIZE QUARTIERS DE NOBLESSE DU COMTE GEORGES
RICHARD DE SOULTRAIT (1)

Jacques-Hyacinthe-Georges *Richard* comte *de Soultrait* est issu de Gaspard-Antoine-Samuel *Richard* comte *de Soultrait*, et d'Hyacinthe-Esther *Outrequin de Saint-Léger*, mariés par contrat du 3 février 1820.

HUIT QUARTIERS PATERNELS

Jean-Jacques-Benoît *Richard de Soultrait*, écuyer, père de Gaspard, marié par contrat du 28 juin 1792 à Anne-Françoise *de Prévost de La Croix*, était fils de Jean-Baptiste-Charles *Richard de Soultrait*, écuyer, et de Marie-Benoîte *de Vaux*, mariés par contrat du 13 février 1760.

Anne-Françoise *de Prévost de La Croix* était fille de Gaspard comte *de Prévost de La Croix*, marié par contrat du 24 janvier 1752 à Agathe *de Vaux*.

Jean-Baptiste-Charles *Richard de Soultrait* était issu de Pierre *Richard de Soultrait*, écuyer, marié par contrat du 17 janvier 1724 à Jacquette *Le Bourgoing*.

Marie-Benoîte *de Vaux* était fille de Jean *de Vaux*, écuyer, seigneur de Fleury, et de Jeanne *de Bèze*, mariés par contrat du 4 février 1731.

Gaspard comte *de Prévost de La Croix* était issu de Claude *de Prévost de La Croix*, chevalier, et de Virginie *de Clermont-Tonnerre*, mariés par contrat du 23 avril 1717.

---

(1) Nous terminons notre travail sur la famille Richard de Soultrait par l'indication des seize quartiers de noblesse, c'est-à-dire des seize ascendants nobles, paternels et maternels, du chef actuel de cette famille. Ce tableau nous paraît être un complément naturel des notices que nous avons consacrées aux alliances de la famille que nous avons essayé de faire connaître.

Agathe *de Vaux* (sœur de Marie-Benoîtc) était fille de Jean *de Vaux*, écuyer, et de Jeanne *de Bèze* ci-dessus nommés.

Les quartiers paternels sont donc : *Richard de Soultrait — Le Bourgoing — de Vaux — de Bèze — de Prévost de La Croix — de Clermont-Tonnerre — de Vaux — de Bèze.*

Huit quartiers maternels

Alexandre-Philippe-Prosper *Outrequin de Saint-Léger*, père d'Esther *Outrequin de Saint-Léger*, aïeul de Georges *Richard de Soultrait*, marié par contrat du 29 vendémiaire an II à Hyacinthe *de La Rivière*, était fils de Jean *Outrequin*, écuyer, et de Marie-Agnès-Adélaïde *Binet*, mariés par contrat du 20 mai 1763.

Hyacinthe *de La Rivière* était fille de Robert marquis *de La Rivière du Prédauge* et d'Hyacinthe *de Courcy*, mariés par contrat du 13 novembre 1770.

Jean *Outrequin* était fils de Pierre *Outrequin*, écuyer, chevalier de Saint-Michel, directeur général des plans et embellissements de la ville de Paris, marié, par contrat du 16 février 1728, à Marie-Louise-Victoire *Le Guay*.

Adélaïde *Binet* était fille de Claude *Binet*, écuyer, marié par contrat du... 1730 à Anne *Roger*.

Robert marquis *de La Rivière* était fils de Théodore-Augustin comte *de La Rivière du Prédauge* et de Marie *de Violle*, mariés par contrat du 7 juin 1743.

Hyacinthe *de Courcy* était fille de Pierre-François vicomte *de Courcy* et de Marie *de Bétauld de Chemault*, mariés par contrat du 20 février 1746.

Les quartiers maternels sont donc : *Outrequin — Le Guay — Binet — Roger — de La Rivière du Prédauge — de Violle — de Courcy — de Bétauld de Chemault.*

TABLE DES MATIÈRES

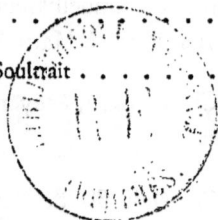

Lyon. — Imp. Mougin-Rusand, rue Stella, 3.

www.ingramcontent.com/pod-product-compliance
Lightning Source LLC
Chambersburg PA
CBHW070803290326
41931CB00011BA/2117